Heinrich B. Möschler

Beiträge zur Schmetterlings-Fauna von Goldküste

Heinrich B. Möschler

Beiträge zur Schmetterlings-Fauna von Goldküste

ISBN/EAN: 9783743327498

Hergestellt in Europa, USA, Kanada, Australien, Japan

Cover: Foto ©berggeist007 / pixelio.de

Manufactured and distributed by brebook publishing software (www.brebook.com)

Heinrich B. Möschler

Beiträge zur Schmetterlings-Fauna von Goldküste

Beiträge
zur
Schmetterlings-Fauna der Goldküste.

Von

H. B. Möschler.

Mit einer Tafel.

Die nachfolgend aufgezählten Lepidopteren erhielt ich im Jahre 1883 durch meinen leider seitdem verstorbenen Freund Herrn Weigle, welcher an der Faktorei der Baseler Missionsgesellschaft in Accra angestellt war. Die Mehrzahl der Thiere sammelte mein sel. Freund während eines vierwöchentlichen Aufenthaltes in Aburi und es spricht für den regen Eifer des Sammlers, dafs er in dieser kurzen Zeit über 200 Arten in über 1000 Exemplaren zusammenbrachte. Über die westafrikanischen Lepidopteren ist mir nur ein gröfseres Verzeichnis bekannt, welches von dem verstorbenen Plötz in der Stettiner entomologischen Zeitung Jahrgang 1879 und 1880 veröffentlicht wurde und die von Professor Dr. R. Buchholz während seiner Expedition in den Jahren 1872—75 in Westafrika gesammelt wurden. Da der Genannte auch bei Accra und Aburi sammelte, so ist eine Vergleichung seiner Sammelergebnisse mit denen meines Freundes Weigle von Interesse. Allerdings werden in jenem Verzeichnis 460 Arten aufgezählt, es ist aber dabei zu berücksichtigen, dafs diese Artenzahl in einem viel gröfserem Gebiet und in einem Zeitraum von über 3 Jahren erbeutet wurde.

Trotz der kurzen Zeit und dem beschränkten Sammelrevier meines Freundes hat derselbe nicht nur ca. 90 schon früher bekannte Arten, welche Prof. Buchholz nicht fand, gesammelt, sondern auch eine Anzahl (29) neuer Arten aufgefunden. Dieselben haben nicht nur den Herren Butler, Plötz, Saalmüller und Snellen theils in Natur, theils in colorirten Bildern zur Vergleichung vorgelegen, sondern sind auch von mir mit der reichen Sammlung meines Freundes Staudinger verglichen worden, so dafs ich hoffe, nicht schon bekannte Arten beschrieben zu haben. Alle schon früher bekannte, aber von Prof. Buchholz nicht gefundene Arten habe ich mit einem * bezeichnet. Die mit Accra bezeichneten Arten sind im April bis Juni, die übrigen im Juli und August gesammelt.

Interessant ist, dafs einige Arten, welche bisher nur von Madagaskar oder der Ostküste von Afrika bekannt waren, auch an der Westküste gefunden wurden, wie z. B. *Papilio Constantinus* Ward., *Nephele Charuba* Kirby und andere.

Schliefslich sage ich den oben genannten Herren meinen herzlichen Dank für den mir bei meiner Arbeit geleisteten Beistand.

Kron-Förstchen bei Bautzen, April 1887.

H. B. Möschler.

Rhopalocera.

Papilionidae.

Papilio L.

1. *P. Leonidas* Fb. Ent. Syst. III. 1., p. 35 No. 103 (1793). *Similis* Cr. I. t. 9. B. C. (1775) in vielen Stücken erhalten, Accra, Aburi.

2. *P. Menestheus* Dr. Ill. Ex. Ent. II., t. 9, f. 1, 2 (1773). Cr. t. 142, A. B. (1779) einige Exemplare von Aburi. Die südafrikanische Form, welche Oberthür Etud. d'Entom. p. 13 (1878) *Ophidicephalus* nennt, unterscheidet sich standhaft von der westafrikanischen durch bedeutendere Gröfse, höher gelb gefärbte und gröfsere Flecken, ebenso sind die blauen Augenflecken der Hinterflügel gröfser und lebhafter gefärbt und dasselbe ist mit den rothgelben Flecken derselben der Fall. Einen spezifischen Unterschied zwischen beiden Formen kann ich aber ebensowenig wie Trimen (Trans. Ent. Soc. 1879 IV. p. 345) finden. Letzterer bildet die südafrikanische Form in seinen Rhop. Afr. Austr. II, pl. 2, f. 1 ab und beschreibt sie p. 320 als *Menestheus*.

3. *Demoleus* L. Mus. Ulr. p. 214 (1764). S. N. I, 2 p. 753 n. 46 (1767). Cr. t. 231, A. B. (1782). Sehr gemein, von der südafrikanischen Form nicht abweichend. Accra, Aburi.

4. *Policenes* Cr. t. 37, A. B. (1776). *Agapenor* Fb. E. S. III, 1, p. 26, no. 76 (1793). *Pompilius* Hbst. III, t. 49, f. 5, 6 (1788). *Polixenus* Godt. IX, p. 52, no. 77 (1819). *Scipio* Beauv. p. 70, t. 2, f. 1 (1805) mehrere Exemplare, Aburi.

5. *Antheus* Cr. t. 234, B. C. (1782). *Antharis* Godt. IX, p. 52, no. 78 (1819). *Agapenor* Bdv. I, p. 255, n. 79 (1836) ebenso, Aburi.

6. * *Angolanus* Goeze Ent. Beitr. III, 1, p. 87, no. 70 (1779). *Pylades* Fb. Ent. Syst. III, 1, p. 34, no. 100 (1793). Hb. Ztg. f. 941, 942.
1 ♂ von Aburi.

7. * *Phorcas* Cr. I, t. 2, B. C. (1775). *Dorcus* Fb. S. E. p. 457, no. 62 (1775). Bdv. I, p. 223, no. 40 (1836). ♀ *Thersander* Fb. E. S. III 1, p. 32, no. 93 (1793). Ich erhielt ungefähr ein Dutzend Exemplare dieser schönen Art in beiden Geschlechtern; bei einem ♀ zeigt die grüne Grundfarbe gelblichen Anflug, bei einem zweiten ♀ ist sie ganz ockergelb und nur an der Wurzel der Hinterflügel schwach grün angeflogen. Accra, Aburi.

8. * *Constantinus* Ward. Ent. Monthl. Mag. VIII, p. 34 (1871). Zwei in der Grundfarbe etwas von einander abweichende ♀ dieser seltenen Art von Aburi.

9. *Nireus* L. Mus. Ulr. p. 217 (1764). S. N. I, 2. p. 750 no. 28 (1767). Cr. IV, t. 378. F. G. (1782). *Lyaeus* Dbl. Ann. Nat. Hist. XVI. p. 178 (1845), mehrere Exemplare von Aburi. Ob *Bromius* Dbl. Ann. Nat. Hist. XVI, p. 176 (1845), von welcher Art ich ein ♂ von Westafrika besitze, wirklich ein von Nireus spezifisch verschiedene Art ist, scheint mir einigermafsen zweifelhaft.

10. *Merope* Cr. II. t. 151. A. B. (1779), ♀ *Cenea* Stoll Suppl. Cr. t. 29, f. 1, 1. A. (1790). *Rechila* Godt. Enc. Meth. IX. p. 183, no. 24 (1819). In vielen Exemplaren von Aburi erhalten. Die Männer ändern bedeutend in der Form der schwarzen Hinterflügelbinde ab: bald ist dieselbe breit, bald schmal, zusammenhängend oder in Flecken aufgelöst. Die Weiber zeigen alle das Weifs ohne gelbe Bestäubung, während meine ♀ aus dem Kaffernland die weifse Zeichnung entweder gelbbestäubt oder statt dessen gelb zeigen. Ein ♀ bildet eine merkwürdige Abänderung, auf den Vorderflügeln ist der braune Vorderrand und das braune Schrägband der Grundfarbe schmal und unterbrochen, auch teilweis verloschen und die Hinterflügel sind goldgelb mit schmaler, schwarzer, weifsgefleckter Saumbinde, aus welcher schwarze Strahlen bis gegen die Flügelmitte ziehen. Rippen fein schwarz.

11. *Zenobia* Fb. S. E.. p. 503, no. 255 (1775). *Messalina* Stoll Suppl. Cr. t. 26, f. 2, 2. B. (1790). *Cynortas* Godt. IX. p. 75, no. 141 (1819). *Cynorta* Bdv. (nec. Fb.) I, p. 370, no. 214 (1836) wenige Exemplare von Aburi.

12. *Cynorta* Fb. E. S. III 1, p. 37, no. 109 (1793). ♂ *Zerynthius* Bdv. I. p. 370, no. 215 (1836). ♀ *Boisduvallianus* Westw. Arc. Ent. t. 40. I. f. 1, 2. (1848). 2 ♂ 1 ♀ von Aburi. Das Weib ist vom Mann sehr verschieden gezeichnet.

Pieridae.
Pontia Fb.

13. *Alcesta* Cr. IV. t. 379 A. (1782). *Narica* Fb. E. S. III. 1. p. 187, no. 5 (1793) in vielen Exemplaren von Accra und Aburi erhalten.

a) var. *Dorothea* Fb. E. S. III. 1, p. 194, no. 602 (1797) entgegen Plötz (Stett. Ent. Ztg. 1880, p. 204), welcher *Dorothea* als eigne Art aufführt, kann ich dieselbe nur als var. von *Alcesta* ansehen. Snellen zieht auch Letztere zu *Xiphia* Fb.

Eurema Hb.

14. *Desjardinsii* Bdv. Faune de Madag. p. 22, pl. 2, f. 6 (1833). ♂ Bdv. Spec. Gen. p. 671 (1836). ♂ Trim. Rhop. Afr. Austr. I, p. 78, no. 51 (1862). Kirby Cat. p. 448, no. 91.

Senegalensis Hb. Ztg. f. 969, 970, p. 41 (?) (1837). Kirby Cat. p. 449, no. 94. 1 ♂ von Aburi mit sehr breitem braunem Saum aller Flügel. Dafs *Desjardinsii* Bdv. und *Senegalensis* Hb. synonym sind, glaube ich in meinen „Beiträgen zur Schmetterlingsfauna des Kaffernlandes" bewiesen zu haben.

15. *Floricola* Bdv. Faune de Madag. p. 21. Bdv. Spec. Gen. p. 671. In Mehrzahl von Aburi erhalten, dabei ein fast weifses ♀. Ob diese Art wirklich als Variatät zu der indischen *Hecabe* L. gehört, wie von manchen Autoren angenommen wird, scheint noch unentschieden zu sein. Saalmüller in seinen Lepid. von Madag. führt *Floricola* als eigne Art auf.

16. * *Blanda* Bdv. Spec. Gen. p. 672, no. 32. 2 ♂ 1 ♀ von Aburi.

Pieris Schk.

17. * *Hedyle* Cr. II. t. 186 C. D. (1779) einige Exemplare von Aburi.

18. * *Severina* Cr. IV., t. 338 G. H. Viele Exemplare von Accra und Aburi erhalten. Die Männer unterscheiden sich von meinen Stücken aus dem Kaffernlande dadurch, dass auf der Oberseite der Hinterflügel in der dunkeln Saumbinde gewöhnlich nur in Zelle 5 und 6 weifse Fleckchen stehen und dafs, wenn auch die übrigen Zellen Flecken führen, diese viel kleiner als bei den südafrikanischen Stücken sind. Unten sind die Hinterflügel fast weifs und die braunen Flecken in der Flügelmitte, auf der Querrippe und in Zelle 2 und 3 fehlen gänzlich oder sind nur verloschen angedeutet. Mein einziges Weib von der Goldküste ist oben fast weifs, während die Südafrikaner gelbe Grundfarbe zeigen, die braune Randbinde ist auf allen Flügeln sehr breit, auf den Hinterflügeln oben ganz ungefleckt.

19. *Calypso* Dr. III. Ex. Ent. II, t. 17, f. 3, 4 (1773). In Mehrzahl von Aburi erhalten, manche Weiber führen die Hinterflügel auch oben lebhaft gelb gefärbt.

Tachyris Wall.

20. *Chloris* Fb. S. E. p. 473, no. 129 (1775). Dr. III. Ex. Ent. III, t. 32, f. 3, 4 (1782). ♀ *Thermopylae* Cr. III. t. 207, F. G. (1782), einige Stücke von Aburi.

21. *Poppea* Cr. t. 110 C. ♀ (1779). Trim. Rhop. Afr. Austr. II, p. 321, no. 215 (1866). ♂ Bdv. Spec. Gen. I, p. 511, no. 107 (1836).? *Sylvia* Fb. S. E., p. 470, n. 115. ? Bdv. l. c. p. 564.

Die Synonymie dieser und der folgenden Art habe ich in meinen Beiträgen zur Lepidopterenfauna des Kaffernlandes ausführlich behandelt.

Drei Männer von Aburi. Bei zweien derselben ist das Gelb an der Wurzel der Vorderflügel ganz verloschen. Zwei Weiber von ebendaher zeigen sehr dünne, weifse Bestäubung, die Wurzel der Flügel ist oben sehr matt, unten lebhafter orange gefärbt, die durchziehende schwarze Saumbinde der Vorderflügel ist in lange, getrennte Flecken aufgelöst, auf den

Hinterflügeln stehen grofse, runde, getrennte, nur auf Rippe 5 und 6 zusammenstofsende Saumflecken.

ab. ♀ *Spica* Möschl. Verh. Zool. Bot. Ges. Wien, 1883, p. 277. *Eudoxia* ♂ Bdv. Spec. Gen. p. 511, no. 105 (1836) (nec. Cr.). 5 Exemplare von Aburi sind ebenfalls wie alle mir bisher bekannt gewordenen Stücke Weiber.

22. *Rhodope* Fb. S. E., p. 473, no. 130 (1775) ♀. ? *Poppea* Bdv. Spec. Gen. p. 511, no. 107 (1836) ♂; Trim. Rhop. Afr. Austr. II, p. 321, no. 215 (1866) ♀; *Sylvia* Fb. S. E., p. 470, no. 115 (1775) ? Bdv. l. c. p. 551, no. 164 (1836) ♂; *Eudoxia* Cr. t. 213 C. (1782) ♀ ein ♂ von Aburi.

23. *Sabina* Feld. Novara Lep. II, p. 167, no. 145 (1865) 1 ♂ von Aburi.

24. * *Saba* Fb. Spec. Ins. II, p. 46, no. 199 (1781). *Epaphia* Cr. III, t. 207, D. E. (1782). *Hypatia* Dr. Ill. Ex. Ent. III, t. 32, f. 5, 6 (1782). *Higinia* Godt. IX, p. 133, no. 45 (1819). *Malatha* Bdv. Faune de Madag. p. 18, no. 4, t. 1, f. 4, 5 (1833). ♂ *Ortygna* Hb. Ztg. f. 785, 786 (1832) ? *Orbona* Bdv. l. c. p. 18, no. 3. t. 1. f. 3 (1833) ♂, ♀ von Aburi.

Eronia Hb.

25. *Argia* Fb. S. E. p. 470, no. 118 (1775). *Cassiopea* Cr. III, t. 201 A. (1782). Mehrere Stücke von Aburi.

26. * *Thalassina* Bdv. Spec. Gen. 1, p. 443, no. 8 (1836). *Verulanus* Ward., Ent. Mo. Mag. VIII, p. 59 (1871) Afr. Lep. p. 4. t. 4, f. 5—7 (1873). 2 ♂ ebendaher.

27. *Idotea* Bdv. Spec. Gen. I, p. 441, no. 5 (1836). *Poppea* Don. Nat. Rep. II, t. 54, f. 2 (1824). Obgleich Donovan's Name der ältere ist, kann er doch nicht beibehalten werden, da Cramer bereits eine, zu *Tachyris* gehörende Art als *Poppea* publicirt hatte und es nicht räthlich sein dürfte, in zwei nahe verwandten Gattungen den gleichen Namen zu wiederholen. Nach Kirby Cat. ist *Idotea* eine Varietät, es wird also für die Stammart ein neuer Name zu suchen sein.

Catopsilia Hb.

28. *Rhadia* Bdv. Spec. Gen. 1, p. 617, no. 11 (1836). *Castalia* Dbl. (nec. Fb.) Gen. D. L. p. 68, no. 10 (1847) einige Stücke von Aburi. Saalmüller l. c. zieht *Rhadia* als Varietät zu *Florella* Fb.

Callosune Dbl.

29. *Evippe* L. Mus. Ulr. p. 239 (1764) S. N. 1, 2 p. 762, no. 87 (1767). Cr. I, t. 91, F. G. (1779), einige Exemplare von Aburi.

30. * *Eione* Bdv. Spec. Gen. p. 578. no. 29 (1836) mehrere Männer von dort.

Danaidae.

Danaus Ltrll.

30. *Chrysippus* L. var. *Alcippus* Cr. II, t. 127 E. F. (1779). *Alcippe* Godt. IX, p. 188, no. 39 (1819). In vielen Stücken von Accra und Aburi erhalten, welche sämmtlich dieser Form angehören, während ich aus dem Kaffernland stets nur die Stammart erhielt.

Amauris Hb.

31. * *Egialea* Cr. II, t. 192 D. (1779). *Damocles* Fb. E. S. III, 1. p. 41. no. 121 (1793). In Mehrzahl von Aburi.

32. *Inferna* Butl. P. Z. S. 1871, p. 79. Lep. Ex. p. 86, t. 33, f. 2 (1872).

33. *Niavius* L. Mus. Ulr. p. 253 (1764). S. N. I, 2, p. 766, no. 109 (1767). Cr. I, t. 2. F. G. (1775). *Niavia* Godt. IX, p. 182, no. 22 (1819), viele Exemplare von Aburi.

Acraeidae.

Acraea Fb.

34. * *Adnatha* Hew. III. Acr. t. 3, f. 16, 17 (1865). 1 ♀ von Aburi.

35. *Mahela* Bdv. var. *Neobule* Dbl. Hew. Gen. D. L. t. 19, f. 3 (1848). Guér. Lef. Voy. Abyss. VI, p. 378 (1849), 1 ♀ von Accra.

36. * *Zetes* L. S. N. 1, 2, p. 766, no. 110 (1767). Trim. Rhop. Afr. Austr. pp. 99, 334 (1862—1866). *Menippe* Dr. Ill. Ex. Ent. III, t. 13, f. 34 (1782). Stoll Suppl. Cram. t. 28. f. 1, 1 A. (1790). *Zethea* Godt. IX, p. 236, no. 21 (1819). 1 ♂ von Aburi.

37. *Egina* Cr. I, t. 39, F. G. (1776). *Zidora* Godt. IX, p. 237, no. 22 (1819). Viele Exemplare von Aburi, doch fast nur Männchen.

38. *Circeis* Dr. Ill. Ex. Ent. III, t. 18, f. 5, 6 (1782). *Mandane* Fb. E. S. III, p. 183. no. 565 (1793). ♂ *Parrhasia* Fb. E. S. III, 1 p. 175, no. 545 (1793). 1 ♂ von Aburi.

39. *Eponina* Cr. ♂ III, t. 268 A. B. (1782). *Cynthia* p. Trim. Rhop. Afr. Austr. I, p. 108. no. 68 (1862), einige Stücke von Aburi.

40. *Serena* Fb. S. E. p. 461, no. 76 (1775). Trim. Rhop. Afr. Austr. I, p. 108, no. 68 (1862). *Eponina* Cr. ♀ III, 268, C. D. (1782) einige Stücke von Aburi.

41. *Lycoa* Godt. IX, p. 239, no. 27 (1819). In Mehrzahl von Aburi.

42. *Gea* Fb. Sp. Ins. II, p. 32, no. 136 (1781). ♀ *Jodutta* Fb. E. S. III, 1 p. 175, no. 544.

43. *Epaea* Cr. III, t. 230, B. C. (1782).

Kirby zieht in seinem Catalog beide Arten zusammen, wie ich entschieden glaube mit Unrecht. Ich erhielt beide in Mehrzahl, diese Stücke zeigen aber folgende standhafte Unterschiede: *Epaea* ist um die Hälfte gröfser als *Gea* und das ♀ hat viele breitere und gerundetere Vorderflügel. Die Färbung der Flecken der Vorderflügel und der Hinterflügel ist bei *Epaea* ♂ ein lebhaftes Braungelb, bei *Gea* ♂ dagegen lehmgelb, ein einzelnes Männchen dieser Art in meiner Sammlung von unbekannter Lokalität führt die Flecken braungelb. Die Binde gegen den Saum der Vorderflügel bildet bei *Gea* einen stumpfen Winkel nach aufsen und tritt in Zelle 4 am weitesten vor, bei *Epaea* dagegen stehen in Zelle 3 ein durch die Rippe getheilter Fleck weit nach vorn gerückt, welcher *Gea* fehlt. Diese Zeichnung ist bei beiden Geschlechtern gleich, die Weiber beider Arten führen die Flecken weifs. Plötz Stett. Ent. Ztg. 1880 p. 190 führt ebenfalls beide Arten getrennt auf.

44. *Euryta* L. Mus. Ulr. p. 221 (1764). S. N. I, 2, p. 757, no. 69 (1767). ♀ Cr. III, t. 233 B. (1782). Hew. IV, Aer. t. 4, 5, f. 21–32 (1867). ♂ *Macaria* Fb. E. S. III, 1, p. 174, no. 540 (1782) (var.) *Umbra* Dr. Ill. Ex. Ent. III, t. 18, f. 1, 2 (1782). *Euryta* Cr. ♂ III. t. 233 A. (1782) (var.) *Alcinoe* Feld. Nov. Lep. II. t. 46, f. 12, 13, (1865). III, p. 368, no. 530 (1867) (var.). *Vestalis* Feld. l. c. II. t. 46, f. 8, 9 (1865) III, p. 369, no. 531 (1867). Wohl die am meisten abändernde Art dieser Gattung, in mehreren Stücken erhalten. Aburi.

Nymphalidae.

Atella Dbl.

45. *Phalantha* Dr. var. *Eurytis* Dbl. Hew. G. D. L. t. 22, f. 3 (1847), einige Exemplare von Aburi weichen von meinen Kaffern durch weniger lebhafte Grundfarbe der Oberseite, stärkere schwarze Zeichnung derselben und schwächeren veilrothen Anflug der Unterseite der Vorderflügel ab.

46. * *Egista* Cr. III. t. 281, C. D. (1782). 1 ♀ von Aburi.

Junonia Hb.

47. * *Clelia* Cr. I, t. 21, E. F. (1775). Trim. Rhop. Afr. Austr. I, p. 128, no. 76 (1862) II, t. 3, f. 7 (1866), einige Stücke von Aburi, welche mit meinen Exemplaren aus dem Kafferland übereinstimmen.

Precis Hb.

48. *Chorimene* Guér. Ic. Reg. Anim. Ins. text. p. 476 (1844). *Orthosia* Klug, Symb. Phys. t. 48, f. 8, 9 (1845) in Mehrzahl von Aburi erhalten.

49. * *Natalica* Feld. Wien. Ent. Mon. IV. p. 106, no. 65 (1860). *Hecate* Trim. Rhop. Afr. Austr. I, p. 140 (1862) II. t. 3, f. 6 (1866). 1 ♀ von Accra.

50. *Pelarga* Fb. S. E. p. 513, no. 296 (1775). Stoll, Suppl. Cram. t. 27, f. 2, 2 A. (1791).

Laodice Cr. II, t. 138, G. H. (1779). *Laodora* Godt. IX, p. 314 no. 38 (1819). *Tuknoa* Wallengr. Lep. Rhop. Caffr. p. 25 (1857). ♀ *Harpyia* Fb. Sp. Ins. II, p. 104, no. 456 (1781). *Trullus* Hbst. Nat. Schmett. VII, t. 169, f. 6, 7 (1794). 1 ♂ von Aburi.

51. *Terea* Dr. III. Ex. Ent. II, t. 18, f. 3, 4 (1773). Cram. Pap. Ex. II, t. 138, E. F. (1779), in Mehrzahl von Accra und Aburi.

Salamis Bdv.

52. *Cacta Fb. E. S. III, 1, p. 116, no. 356 (1793). Don. Ins. Ind. t. 29, f. 1 (1800). 1 ♂ von Aburi.

53. *Cytora* Dbl. Hew. Gen. D. L. t. 25, f. 5 (1847). ♂, ♀ dieser schönen Art von Aburi.

Kallima Westw.

54. *Rumia* Westw. Gen. D. L. p. 325, no. 5. Dbl. Hew. l. c. t. 52, f. 2 (1850), mehrere Stücke von Aburi.

Eurytela Bdv.

55. *Dryope* Dr. III. Ex. Ent. III, t. 14, f. 1, 2 (1782). Trim. Rhop. Afr. Austr. II, p. 212, no. 122 (1866). *Hiarba* Fb. E. S. III, 1, p. 128, no. 391 (1793), viele Exemplare von Aburi.

Ergolis Bdv.

56. *Enotrea* Cr. IV, t. 236, A. B. (1782). ? *Ariadne* Dr. (nec. L.) III. Ex. Ent. III, t. 11, f. 3, 4 (1782), in Mehrzahl von Aburi.

Hypolimnas Hb.

57. *Salmacis* Dr. III. Ex. Ent. II, t. 8, f. 1, 2 (1773). *Omphale* Stoll. Suppl. Cram. t. 26, f. 1, 1 A. (1791), mehrere Stücke dieser prächtigen Art von Aburi.

58. *Anthedon Dbl. Ann. Nat. Hist. XVI, p. 181 (1845). Dbl. Hew. Gen. D. L. t. 37, f. 2 (1850). Trim. Rhop. Afr. Austr. I, p. 152, no. 90 (1862). *Diadema Wahlbergi*, Wallengr. Lep. Rhop. Caffr. p. 27 (1857), mehrere Stücke von Aburi.

Euxanthe Hb.

59. *Eurinome Cr. I, t. 70, A. (1779). Hew. Gen. D. L. t. 38, f. 1 (1850) ein einzelnes ♀ dieser interessanten, in Farbe und Zeichnung an manche grünfleckigen Danausarten erinnernden Art von Aburi.

Panopea Hb.

60. *Lucretia Cr. I, t. 45, C. D. *Sulpitia* Fb. E. S. III, 1, p. 245 no. 767 (1793). 1 ♂ von Aburi.

61. *Boisduvalii Dbl. Ann. Nat. Hist. XVI, p. 180, Dbl. Hew. Gen. D. L. t. 37, f. 3 (1850) 1 ♀ ebendaher.

Catuna Kirby.

62. *Crithea* Dr. Ill. Ex. Ent. II, t. 16, f. 5, 6 (1773). Cr. II, t. 138, C. D. (1779). *Opis* var. Godt. IX. p. 381, no. 104 (1823), einige Stücke von Aburi.

63. *Coenobita* Fb. E. S. III, 1, p. 247, no. 269 (1793). Dbl. Hew. Gen. D. L., t. 43, f. 2, zwei Stücke ebendaher.

Neptis Fb.

64. *Melicerta* Dr. Ill. Ex. Ent. II, t. 19, f. 3, 4 (1773). *Melinoe* Godt. IX, p. 432, no. 261 (1823). ? *Blandina* Cr. IV, t. 327, E. F. (1782), mehrere Exemplare von Aburi.

Kirby Cat. citirt bei dieser Art *Blandina* Cr., aber Fig. E (Oberseite) zeigt nur 2 weifse Saumstreifen der Flügel, während meine Stücke deren 3 führen, Fig. F (Unterseite) zeigt 3 Streifen.

65. * *Metella* Dbl. Hew. Gen. D. L. t. 35, f. 2 (1850), in Mehrzahl von Aburi erhalten. Kb. Cat. zieht diese Art als Varietät zu *Agatha* Cr., beide sind aber sehr von einander abweichende Arten.

66. *Nemetes* Hew. Ex. Bttfl. IV. Nept. t. 1, f. 1, 2 (1868), einige Stücke von ebendaher.

Euryphene Bdv.

67. *Absalon* Fb. E. S. III, 1, p. 56, no. 174 (1793). 1 ♂ von Aburi.

68. * *Oxione* Hew. Ex. Bttfl. III, Eur. t. 5, text. (1866) l. c. IV, Eur. t. 8, f. 36, 37 (1871), in beiden Geschlechtern und vielen, meist männlichen Stücken von Aburi.

69. * *Tentyris* Hew. l. c. III, Eur. t. 5, f. 21, 22 (1866), mehrere Stücke von ebendaher.

70. *Mandinga* Feld. Wien. Ent. Mon. IV, 1860, p. 108. *Zonara* Btl. P. Z. S. 1871, p. 81, Lep. Ex. p. 72, t. 28, f. 1, 2.

1 ♀ von Aburi, der Mann ist mir unbekannt. Wie diese Art, deren ♀ wenigstens in Zeichnung und Färbung mit den Weibern der vorigen Arten übereinstimmt, in die Gattung *Aterica*, in welche sie Kirby im Supplement seines Cataloges stellt, gehören kann, ist mir nicht klar.

71. * *Cocalia* Fb. E. S. III, 1, p. 250, no. 777 (1793). ♀ *Mardania* Fb. E. S. III, 1, p. 249, no. 776 (1793). ♂ *Theogenis* Hew. l. c. III, Eur. t. 1, f. 3, 4 (1864), mehrere Stücke von Aburi, das ♀ führt die Vorderflügelbinde, sowohl gelb als weifs. Plötz, Stett. Ent. Ztg. 1880, p. 192, führt *Theogenis* Hew. als eigne Art auf.

72. *Porphyrion* Ward. Ent. Mo. Mag. VIII, p. 118 (1871). Afr. Lep. p. 13, t. 10, f. 5—8 (1874). 2 ♂ von Aburi.

73. *Plautilla* Hew. Ex. Bttfl. III, Eur. t. 3, f. 14, 15 (1865), mehrere Stücke von Aburi.

74. *Elaboutas Hew. l. c. IV, Eur. t. 7, f. 33 (1871). 1 ♀ von Aburi.
75. *Sophus* Fb. E. S. III, 1, p. 46, no. 141 (1793). Dbl. Hew. Gen. D. L. t. 43, f. 4 (1850), einige Stücke ebendaher.
76. *Phantasia* Hew. Fx. Bttfl. III, Eur. t. 2, f. 9—11 (1865) ebenso.
  Euphaedra Hb.
77. *Pratinas* Dbl. Hew. Gen. D. L. t. 38, f. 3 (1850), zwei Stücke von Aburi.
78. *Ravola* Hew. Ex. Bttfl. III, Rom. t. 1, f. 19—20, viele Exemplare von Aburi.
79. *Ceres* Fb. S. E., p. 504, no. 257 (1775). *Lucille* Cr. II, t. 156, A. C. (1782), einige Stücke von ebendaher.
80. *Themis* Hb. Fx. (1806—1816), eine Menge von Aburi.
81. *Xypete* Hew. Ex. Bttfl. III, Rom. t. 2, f. 8—10 (1865), wenige Stücke von dort.
82. *Harpalyce* Cr. II, t. 145, D. E. (1779), ebenso.
83. *Eupalus* Fb. Sp. Ins. II, p. 54, no. 241, (1781). *Erithonius* Fb. Mant. Ins. II, p. 11, no. 103 (1787). ♀ *Euryph. Swanzyana* Butl. P. Z. S. 1868, p. 222, t. 17, f. 7, 8, ebenso.

Aufserdem erhielt ich noch zwei Arten aus der Ceresgruppe, deren Bestimmung weder Herrn Saalmüller noch Plötz gelang, ebensowenig konnte die reiche Sammlung meines Freundes Staudinger Auskunft geben. Ich lasse die Beschreibungen hier folgen:

84. ♀ Gröfse wie *Ravola* ♀, die gelbe Binde der Vorderflügel lebhaft, viel schmäler und viel weniger schräg gestellt wie bei jener Art. Wurzel- und Mittelfeld der Hinterflügel blau, fast gar nicht grünlich, ohne Spur einer gelben Binde, ebenso der Innenrandsfleck der Vorderflügel, welcher die Wurzel nicht berührt.

Die Grundfarbe der Unterseite ist ein eigenthümliches Olivenbraun, im Wurzelfeld grün bestäubt. Die Vorderflügel führen an der Wurzel drei in Dreieckform gestellte schwarze Punkte, die Binde ist weifs, wurzelwärts grün gerandet. Hinterflügel mit einer bis in Zelle 2 reichenden weifsen, teilweis grünen Binde, welche am Vorderrand mit einem grofsen Längsfleck beginnt, welcher nach dem Saum spitz zuläuft, in Zelle 6 und 5 ist die Binde am schmälsten. Vor dem Saum aller Flügel undeutliche grüne Flecken. Spitze der Vorderflügel schmal weifs, Franzen aller Flügel weifsgefleckt.

Sollte diese Art sich als neu herausstellen, so schlage ich den Namen *Vesparia* vor. 1 Stück von Aburi.

85. Die zweite unbestimmte Art, von welcher ich 2 ♀ von Aburi besitze, ähnelt *Ceres* am meisten. Die Binde der Vorderflügel ist aber nicht weifslich, sondern gelb, doch blafser wie bei *Ravola* und der vorigen Art, ihre Form ist eine andere, sie zieht vom Vorderrand

schräg gegen den Saum gerichtet bis in Zelle 4, in deren Mitte sie sich mit ihrem Aufsenrand stumpfwinklig gegen den Saum richtet, während *Ceres* dieselbe gleichmäfsig schräg verlaufend führt, überdies ist die Binde breiter wie bei meiner fraglichen Art. Die Färbung der Hinterflügel zeigt ein trüberes Grün wie bei *Ceres*, von der am Vorderrand bei *Ceres* auftretenden weifslichen Binde zeigt sich keine Spur, ebenso fehlt der tiefschwarze Mittelfleck auf der Querrippe, entweder gänzlich, oder scheint nur verloschen von der Unterseite durch. Vor dem Saum steht eine Reihe blaugrüner Flecken, welche bei meinen Exemplaren von *Ceres* entweder ganz fehlen oder kaum angedeutet sind. Die Grundfarbe der Unterseite ist ein mehr oder weniger trübes Olivenbraun, der erste schwarze Fleck der Mittelbinde am Vorderrande ist viel kürzer und schmäler als bei *Ceres* und tritt viel weniger saumwärts über die Binde hinaus, auch die übrigen Flecken der Binde sind viel kleiner wie bei jener Art, in der Mittelzelle stehen 1 oder 2 schwarze, runde Flecken hinter der Mitte zieht eine breite, scharf abgegrenzte weifse, bläulich angeflogene Binde bis in Zelle 2, welche bei *Ceres* schmäler und nicht scharf begrenzt ist. Die schwarzen Flecken vor dem Saum sind kleiner wie bei *Ceres* und die schwarzen, halbmondförmigen Randflecken, welche jene Art zeigt, fehlen ganz, statt ihrer sind nur undeutliche, grünliche Fleckchen sichtbar. Flügelspitze schmal weifs, Franzen weifsgefleckt. Sollte die Art neu sein, so nenne ich dieselbe *Artaynta*. Die Gattung *Euphaedra* ist eine aufserordentlich schwierige, die Arten scheinen zu bastardiren und es ist sehr schwer über dieselben in's Klare zu kommen.

86. *Medon* L. S. N. I, 2, p. 753, no. 43 (1767). Butl. P. Z. S. 1865, p. 672, no. 7, p. 673, f. 6, ebenso.

Hamanumida Hb.

87. **Daedalus* Fb. S. E. p. 482, no. 174 (1775). *Melantha* Fb. l. c. p. 513, no. 297. *Hesperus* Fb. E. S. III, 1, p. 47, no. 145 (1793). *Meleagris* Cr. t. 66, A. B. (1779). 1 ♂ von Aburi.

Aterica Bdv.

88. **Abesa* Hew. Tr. E. S. 1869, p. 74, no. 6. Zwei ♂ von Aburi.

89. **Veronica* Cr. IV, t. 325, C. D. (1782). ♀ *Gnidia* Fb. E. S. III, 1, p. 137, no. 422 (1782). 2 ♀ von Aburi.

90. *Tadema* Hew. Ex. Bttfl. III, At. & Harma, f. 10—12 (1866). 2 ♂ ebendaher. Plötz glaubt, dafs *Tadema* das ♀ und *Veronica* der ♂ ein und derselben Art sei.

91. *Cupavia* Cr. III, t. 193, E. F. (1780), in Mehrzahl von Aburi.

Harma Westw.[1])

92. *Theobene* Dbl. Wstw. G. D. L. t. 40, f. 3 (1850). Hopff. Pet. Reise Zool. V. p. 389, t. 24, f. 1—4 (1862), mehrere Exemplare von Aburi.

93. *Hypatha* Hew. Ex. Bttfl. III, Har. t. 2, f. 7, 8 (1866). Tr. E. S. 1869, p. 75. 1 ♀ ebendaher.

94. *Egesta* Cr. I, t. 46, B. C. (1779). 2 Paare von Aburi.

95. *Sangaris* Godt. IX, p. 384, no. 114. Hew. l. c. III, Ater. & Har. f. 14 (1866), mehrere Männer von dort.

96. *Caenis* Dr. Ill. Ex. Ent. II, t. 19, f. 1, 2 (1773). ♀ *Amphirede* Cr. II, t. 146, D. E. (1779). Viele Stücke von Aburi.

Charaxes O.

97. *Castor* Cr. I, t. 37, C. D. (1776). *Camulus* Dr. Ill. Ex. Ent. III, t. 30. f. 1, 2 (1782). Pollux. Feisth. Ann. Soc. Ent. Fr. 1850, p. 255, t. 9, f. 1. 1 ♀ von Aburi.

98. *Eudoxus* Dr. l. c. t. 32, f. 1, 4 (1782). 1 ♂ von daher.

99. *Lucretius* Cr. I, t. 82, E. F. (1779). 1 ♀ von dort.

100. *Numenes* Hew. Ex. Bttfl. II. Nymph. t. 2, f. 9—11 (1859). 3 Stücke von dort.

101. *Zingha* Cr. III, t. 315, B. C. (1782). *Berenice* Dr. l. c. III, t. 11, f. 1, 2 (1782). ein Paar von Aburi.

Der eigentümlich vorgezogene Innenwinkel der Hinterflügel und das Fehlen der Schwänze an denselben giebt dieser Art ein von den übrigen *Charaxes*arten sehr verschiedenes Ansehen und erinnert an die Gattung *Mynes*. Der Rippenverlauf stimmt aber vollständig mit *Charaxes* überein.

Elymniidae.

Elymnias Hb.

102. *Phegea* Fb. E. S. III, 1, p. 132, no. 407 (1793), mehrere Stücke von Aburi.

Satyridae.

Gnophodes Westw.

103. *Parmeno* Dbl. Hew. Gen. D. L. p. 363, t. 61, f. 2 (1851). Trim. Rhop. Afr. Austr. II, p. 190 (1866). *Parmeus* Chenu Enc. Pap. I, p. 184, f. 294 (1853). 1 ♀ von Aburi.

---

[1]) Hübners Name *Cymothoe* ist zwar der ältere, er stellt aber in seinem Verzeichnis bekannter Schmetterlinge zu den beiden in diese Gattung gehörenden Arten *Amphicede* Cr. (= ♀ *Caenis* Dr.) und *Althea* Cr. noch *Euthalia Acouthea* Cr. und die Gattungsdiagnose besteht nur aus den Worten: „Beiderlei Flügel auswärts zackig bezeichnet", so dafs die Annahme des von Westwood gegebenen Gattungsnamen wohl berechtigt sein dürfte.

104. *Chelys* Fb. E. S. III, 1, p. 80, no. 249 (1793), mehrere Stücke von dort.
In Kirby's Catalog steht diese Art irrtümlicher Weise bei *Taygetis* und ist fälschlich Brasilien als Vaterland angegeben.

Melanitis Fb.

105. *Leda* L. S. N. 1, 2, p. 773, no. 151 (1767). Cr. III, t. 196, C. D. (1780) var. Meine Stücke weichen kaum von solchen, welche ich von Port Natal besitze, ab, stimmen dagegen wenig mit Exemplaren von Cameroon, die ich von den Herren Watkins und Doncaster erhielt, überein; Letztere sind gröfser, mit viel gröfserem und lebhafterem rotgelbem Fleck der Vorderflügel, ebenso sind deren schwarzer Fleck und die in demselben stehenden Punkte gröfser und schärfer, dagegen fehlt den Cameroonern das deutliche Auge der Hinterflügel und sind dafür nur ein oder zwei feine weifse Punkte sichtbar. Die Grundfarbe der Unterseite ist bei den Stücken von der Goldküste schmutzig weifsgelb, durch dichte braune Querzeichnung verdunkelt, die Augen, besonders diejenigen der Hinterflügel, sind deutlich und das in Zelle 2 und 6 grofs. Von den Cameroonexemplaren führt der ♂ die Unterseite veilgrau spärlich mit schwärzlichen Pünktchen bestreut, die Augen sind matt und nicht schwarz gekernt; das Weib hat grünlich gelbe Grundfarbe mit brauner Querzeichnung und die Augen fehlen gänzlich und sind nur durch feine weifse Pünktchen bezeichnet. Kirby führt in seinem Catalog nicht weniger als 21 Varietäten mit Namen auf, giebt aber leider bei keiner von denselben das Vaterland an. Diese Art ist über Afrika, Südasien und Australien verbreitet. Viele Stücke von Accra und Aburi.

Mycalesis Hb.

106. *Dorothea* Cr. III, t. 204 E. F. (1782). ♂ *Melusina* Fb. Mant. Ins. II, p. 43, no. 430 (1787) einige Männer von Aburi.

107. *Tolosa* Plötz, Stett. Ent. Ztg. 1880, p. 197, am nächsten mit *Madetes* Hew. verwandt. Beide Geschlechter von Aburi.

108. *Nura* Plötz, l. c. p. 196. 1 ♂ von dort.

109. *Ignobilis* Butl. Tr. E. S. 1870, p. 124, Lep. Ex. I, t. 21, f. 4 (1871). 1 ♀ von dort. Warum diese Art einen so unpassenden Namen erhalten hat, weifs ich nicht, sie ist ein auf der Unterseite prächtig gezeichnetes Tier.

110. *Mandanes* Hew. Ex. Bttfl. V. Myc. t. 9, f. 61, 62 (1874), auf Hewitson's Tafel steht irrtümlicherweise *Madnanes*. 1 ♂ von Aburi.

111. *Martius* Fb. E. S. III, 1, p. 219, no. 686 (1793), einige Stücke von ebendaher.

Ypthima Hb.

112. *Asterope* Klug, Symb. Phys. t. 29, f. 11—14 (1832), einige Stücke von Aburi, welche sich durch ausserordentlich grofses Auge der Vorderflügel auszeichnen.

Lycaenidae.

Liptena Dbl.-Hew.

113. *Libentina* Hew. Ex. Bttfl. III, Pent. & Lipt. f. 12 (1866). 1 ♂ von Aburi.
114. *Mnestra* n. sp. fig. 21.
Von der Gröfse der Lyc. *Argus* L. Fühler schwarz, weifsgeringelt, Spitze der Kolbe rotgelb. Palpen gelblich, Spitze des Mittelgliedes und das Endglied dunkelbraun. Beine gelb, braun geringt. Oberseite einfach dunkelbraun, Unterseite lichter braun. Vorderflügel längs des Vorderrandes und Saumes, Hinterflügel auch an der Wurzel und in der Mitte mit eingemengten feinen rotgelben Schüppchen. Alle Flügel mit abgebrochener ziegelroter Fleckenbinde in der Mitte und mit solchen Ringflecken vor dem Saum, die Hinterflügel noch mit einem solchen, sehr schmalen Bogenstreif nahe der Wurzel, 11,8 mm. 1 ♀ von Aburi.
115. *Eurema* Plötz, Stett. Ent. Ztg., p. 199. 1 ♀ von Aburi.
116. *Simplicia* n. sp. fig. 14.
Um ⅓ kleiner als die vorige Art, Fühler schwarz, weifs geringelt, mit rotgelber Kolbenspitze. Palpen schwarzbraun, Beine gelb, braun geringelt. Weifs, Vorderflügel mit breitem schwarzbraunem Vorderrand, diese Färbung schliefst die Flügelspitze breit ein und zieht sich am Saum, sich allmählich verschmälernd bis auf Rippe 2. Hinterflügel mit matt von der Unterseite durchscheinender brauner Saumbinde. Saumlinie auf den Vorderflügeln von Rippe 5 bis 2 fein weifsgelb. Franzen der Vorderflügel bis auf Rippe 2 schwarzbraun. Auf den Hinterflügeln sind die Franzen bis in Zelle 5 weifs, dann bis zum Innenrand schwarzbraun ohne hellere Saumlinie. Auf Rippe 2 und 3 stehen schwache, bräunliche Schuppenfleckchen. Unten ist das Schwarzbraun dunkler, auf den Hinterflügeln steht eine, von Rippe 5 bis zum Innenrand reichende solche breite Saumbinde, auf den Vorderflügeln findet sich vor der Spitze eine, zum gröfsten Teil verloschene schmale weifse Querbinde. Saumlinie aller Flügel fein schwefelgelb, durchziehend, Franzen der Hinterflügel mit weifsen Spitzen. 14—16. 8—10 mm. 2 ♀ von Aburi.

Lycaena Fb.

117. *Isis Dr. Ill. Ex. Ent. II, t. 3, f. 4, 5 (1773). *Camillus* Cr. IV. t. 300, A. B. (1782). *Isarchus* Fb. E. S. III, 1, p. 316, no. 198 (1793). 1 ♀ von Aburi.

118. *Telicanus* Hb. var. *Hoffmannseggii* Zell. Stett. Ent. Ztg. 1850, p. 312, H.Sch. Eur. I, f. 644 (1853). 1 ♀ von Accra.

119. * *Lysimon* Hb. Eur. I, f. 534, 535 (1798—1803). *Knysna* Trim. Tr. E. S. III, I, p. 282 (1862). Rhop. Afr. Austr. II, p. 255, no. 156 (1866), einige Stücke von Accra.

120. * *Gaika* Trim. Tr. E. S. III, I, p. 403 (1862). 1 von Aburi.

121. *Perparva* Saalm. Lepid. Madag. I, p. 98, no. 199 (1884). 1 ♂ ebendaher.

Hypolycaena Feld.

122. *Lebona* Hew. Ill. D. L. f. p. 51, no. 8 (1865). *Antifaunus* Hew. l. c. t. 23, f. 28, 29 (1865) beide Geschlechter von Aburi.

123. *Faunus* Dr. Ill. Ex. Ent. II, t. 1, f. 4, 5 (1873). ♂ *Hesiodus* Fb. E. S. III, 1, p. 260, no. 8 (1793), ebenso.

124. *Philippus* Fb. E. S. III, 1, p. 283, no. 87 (1793). *Orejus* Hopff. Ber. Verh. Ak. Berl. 1855, p. 641, no. 16. *Erylus* Trim. (nec Godt.) Rhop. Afr. Austr. II, p. 228, no. 132 (1866). 1 ♂ von Aburi.

Deudorix Hew.

125. * *Anta* Trim. Tr. E. S. III, I, p. 402 (1862). *Batikeli* Trim. Rhop. Afr. Austr. II, p. 232, no. 135 (1866). 1 ♂ von Aburi.

Hesperidae.[1])

Hesperia Fb.

126. *Laufella* Hew. Ex. Bttfl. IV, Hesp. t. 2, f. 28—30 (1867). 1 ♂ von Aburi.

127. *Pulvina* Plötz, Stett. Ent. Ztg. 1879, p. 353. 1 ♂ von Aburi.

128. *Sextilis* Plötz l. c. 1886 p. 89, no. 9 b.

Der Beschreibung von Plötz, welche nach meinem Exemplar gemacht ist, füge ich hinzu, dafs die Spitze der Fühlerkolbe hellehmgelb ist und die dunkelbraunen Haare der Palpen teilweis gelbe Spitzen haben. 1 ♂ von Aburi.

Die einfarbig dunkelbraune Art steht in der Verwandtschaft von

---

¹) Die Arten dieser interessanten Familie habe ich nach dem von Plötz aufgestellten System gegeben. Es ist sehr zu bedauern, dafs diese wertvolle Arbeit nicht im Zusammenhang gegeben werden konnte, sondern in verschiedenen entomol. Zeitschriften verstreut erschien. So wird es den wenigsten Lepidopterologen möglich sein dieselbe im Zusammenhang benutzen zu können. Einige der hier angeführten neuen Arten sind von Herrn Plötz mit Möschl. in litt. publicirt worden. Da aber nach den geltenden Prioritätsgesetzen nicht derjenige, welcher den Namen gab, sondern derjenige, welcher denselben zuerst publicirte, der Autor zu der betreffenden Art ist, so ist es für diese Arten unzweifelhaft Herr Plötz.

129. *Calpis* Plötz l. c. 1879, p. 354. 1 ♂ von dort.

130. *Weiglei* Plötz l. c. 1886, p. 90, no. 72b., fig. 18.

Da es nach der kurzen Beschreibung, welche Plötz a. a. O. von dieser Art giebt, kaum möglich sein dürfte, dieselbe zu erkennen, und ohne die langen analytischen Tabellen dieser Gattung durchzusehen, gebe ich hier nochmals eine genaue Beschreibung. Von der Gröfse von *H. Eradnes* Cr. aber breitflügliger und der Saum der Vorderflügel kaum geschwungen. Fühler $^4/_5$ so lang als der Vorderrand der Vorderflügel, gelb, oben ganz, unten nur an der Wurzel braun geringt, die Kolbe unten bis an den Haken schneeweifs. Palpen licht lehmgelb, bräunlich angeflogen, mit sehr kleinem braunen Spitzenglied. Beine braun, an der Innenseite ockergelb. Körper braun. Hinterleib unten heller.

Oberseite dunkelbraun, die Vorderflügel an der Wurzel in Zelle 1a und 1b bis zur Mitte rostgelb bestäubt. Franzen lehmgelb, gegen den Innenwinkel bräunlich, ebenso die Spitzen. ♂ mit grauem Commazeichen, aufserdem mit viel gelben glashellen Flecken. Der gröfste, nach aufsen stumpfwinklige Fleck steht in Zelle 2 und berührt fast das Commazeichen, ein kleinerer, unregelmäfsig dreieckiger steht etwas saumwärts gerückt, in Zelle 3, ein gröfserer länglicher und ein kleinerer punktförmiger Fleck stehen übereinander in der Mittelzelle. Hinterflügel unbezeichnet, ihre Franzen ockergelb.

Unten sind die Vorderflügel dunkelbraun, am Innenrand breit hellgelb. Das Spitzendrittheil ist veilgrau und in ihm stehen in fast rechtwinklig gebogener Reihe 5 dunkelbraune Fleckchen. Hinterflügel veilbraun, nahe dem Innenrande lohbraun, mit 2 Bogenreihen dunkelbrauner, teilweis fein weifsgekernter Fleckchen, deren innere vor, die äufsere hinter der Flügelmitte steht, ihr Fleck in Zelle 5 ist weiter saumwärts gestellt. Franzen der Vorderflügel bräunlich, der Hinterflügel innen olivenbraun, aufsen gelblich. 25,16 mm. 1 ♂ von Aburi. Die Art wurde zu Ehren meines verstorbenen Freundes Herrn Th. Weigle benannt.

131. *Herda* n. sp., fig. 16.

Calpis Plötz nahestehend, doch etwas kleiner. Fühler braun, undeutlich weifs geringelt. Palpen braungrau, mit eingemengten weifsen Haaren. Körper und Beine graubraun. Die Flügel dunkelbraun mit weifsgelben glashellen Flecken. Ein unregelmäfsiger viereckiger Fleck in der Mittelzelle, ein länglich viereckiger in der Mitte von Zelle 2, ein solcher etwas vorgerückter in Zelle 3, und drei kleine, teilweis punktförmige Fleckchen schräg übereinanderstehend in Zelle 4—6. Hinterflügel unbezeichnet, Franzen weifs, auf den Rippen braun gescheckt. Vorderflügel unten dunkelbraun, am Innenrand hellgelb, längs des Vorderrandes und des Saumes veilgrau bestäubt, die Flecken wie oben. Auf den Hinterflügeln ist die braune

Grundfarbe fast ganz durch graue Bestäubung verdeckt und über die ganze Fläche sind gelbe Schüppchen verteilt. Die Zeichnung besteht aus 2 Bogenstreifen aus weifslichen Flecken gebildet. Der innere Streif verläuft hinter dem Wurzelfeld, er besteht aus einem Fleck am Vorderrand und zwei durch die Subdorsale getrennten Flecken. Der äufsere Streif beginnt am Vorderrand und zieht bis in Zelle 1, die ihn bildenden Flecken sind länglich. Franzen wie oben. 22,12 mm. 1 ♂ von Aburi.

132. *Cerymica* Hew. Ill. Ex. Butterfl. vol. IV. Hesp. II., fig. 20. 21. 1 ♀ von Aburi.

133. *Bauri* Plötz l. c. 1886. p. 98. no. 532b. 1 ♂ von dort.

Plastingia Butl.

Pardaleodes Butl.

134. *Laronia* Hew. Descr. Hesp. p. 35. no. 29 (1868). Plötz. Stett. Ent. Ztg. 1885. p. 146. no. 3, l. c. 1886. p. 104, 3 (2). 1 ♂ von Aburi.

135. *Edipus* Cr. IV. t. 366 A. (1872). Plötz, l. c. 1885. p. 148. no. 11. 1 ♂ von dort.

136. *Galenus* Fb. Ent. Syst. III. 1. p. 350. no. 332 (1793). Donovan. Ins. Ind. t. 50. f. 3 (1800). 1 ♂ ebendaher.

137. *Thora* Plötz, l. c. p. 145, no. 2. 1 ♂ von Aburi.

Apaustus Hb.

138. *Anomoeus* Plötz l. c. 1879. p. 358. no. 20, 1884 p. 152. no. 3. 1 ♂ von Aburi.

Antigonus Hb.

139. *Denuba* Plötz, l. c. 1879. p. 361. no. 31. In Mehrzahl, doch nur Männer, von Aburi erhalten.

140. *Brigida* Plötz, l. c. p. 361. no. 32. 1 ♂ von daher.

141. *Thecla* Plötz, l. c. p. 361. no. 34. 2 ♂ von dort.

Tagiades Hb.

142. *Flesus* Fb. Spec. Ins. II, p. 135. no. 621 (1781). *Ophion* Dr. Ill. Ex. Ent. III, t. 17. f. 1. 2 (1782). Cr. I. t. 26. f. 4. 4 C. Trim. Rhop. Austr. II. p. 313 (1866). Viele Exemplare von Aburi.

Ismene Swains.

143. *Iphis* Dr. Ill. Ex. Ent. II, t. 15, f. 3, 4 (1773). *Phidias* Cr. III. t. 244 A. B. (1782). *Jupiter* Fb. Mant. Ins. II, p. 87, no. 794 (1787). Plötz Stett. Ent. Ztg. 1884, p. 66, no. 52. Viele Exemplare ebendaher.

144. *Juno* Plötz. Stett. Ent. Ztg. 1879, p. 364, no. 14, l. c. 1881 p. no. 51. Einige Stücke von Aburi.

145. *Birae* L. Mus. Ulr. p. 335 (1764). S. N. I. 2. p. 795, no. 264 (1767). Plötz l. c. 1884, p. 65, no. 49. *Calybe* Doubl. Hew. Gen. D. L. t. 79, f. 2 (1852). 1 ♂ von Aburi.

146. *Forestan* Cr. IV, t. 391, E. F. (1782). Plötz l. c. 1884, p. 64, no. 44. *Florestan* Trim. Afr. Austr. II, p. 318 (1866), in Mehrzahl von Aburi erhalten.

Heterocera.

Sphinges.

Macroglossidae.

Hemaris Dalm.

147. *Hylas* L. Mant. I, p. 539. Bdv. Spec. gén. Sph. p. 376. Saalm. Lepid. von Madag. I, p. 117, t. III, f. 40 (1884).

In vielen Stücken erhalten. Diese Art fliegt über die ganze afrikanisch-indo-australische Region.

Macroglossa O.

148. *Commasiae* Walk. List Sph. p. 90, no. 9 (1856). Bdv. l. c. p. 357, no. 41.

Von dieser hübschen kleinen Art, welche sich von den Verwandten durch den hellblauen Gürtel des Hinterleibes unterscheidet, erhielt ich drei Stücke von Aburi.

Jedenfalls fliegt diese Art auch in Südafrika, denn mein Freund Hartmann erzählte mir, dafs er in Baziya im Caffernland eine *Macroglossa* mit blauem Hinterleibsring gefangen habe. Leider ist das Exemplar mit vielen anderen Arten zu Grunde gegangen.

Proserpinus Hb.

149. *Nana* Bdv. Delegorg. Voy. dans l'Afriq. Austr. II, p. 394, no. 98. Wlk. List. Sph. p. 107, 4. (Lophura). *Nanum*, Bdv. Spec. gén. Sph. p. 314, no. 4 (1874). (Pterogon). 1 ♂ von Accra.

Chaerocampidae.

Basiothea Wlk.

150. *Idricus* Dr. Ex. Ins. III, t. 2, f. 2, (1773). Bdv. F. d. M. p. 73, t. 10, f. 5 (1833). Spec. gén. Sph. p. 282, no. 80 (1874). Saalm. l. c. p. 120, no. 276 (1884). *Clio* Fb. E. S. III, 1, p. 377 (1793). *Idricus* Wlk. List. 8, p. 125 (1856). *Transfigurata* Wllgr. Kafferl. Het. p. 18 (1857).

Diodosida Wlk.

151. * *Peckoveri* Butl. Trans. Z. S. IX, 1877. p. 637. Saalm. l. c. I, p. 121, t. IV, f. 41.

Meine drei Exemplare, 1 ♂ und 2 ♀ variiren in sofern, als der ♂ eine hellere mehr in's Olivengelbe Grundfarbe der Vorderflügel wie die Weiber zeigt, ebenso sind die beiden Binden dieser Flügel heller braun, der weiſse Costalfleck ist gröſser und schärfer. In Zelle 6 stehen vor dem Saum zwei abgebrochene braune Zackenstreifen. Die Weiber stimmen vollkommen mit Saalmüller's sehr schönem Bild überein. Accra, Mai.

Chaerocampa Dup.

152. * *Orpheus* H. Sch. Exot. f. 104 (1850). Bdv. Spec. gén. Sph. p. 247, no. 27 (1874). 1 ♂ von Accra, im Mai gefangen.

Panacra Walk.

153. *Saalmülleri* n. sp., fig. 23.

Diese schöne Art hat eine gewisse Ähnlichkeit mit *Ch. Phoenix* H. Sch. und *Gergon* Bdv., von ersterer unterscheidet sie sich auſser in anderen Punkten schon durch gezähnte Flügel und den gerade verlaufenden hellen Schrägstrich der Vorderflügel, welchen *Phoenix* stark geschwungen führt, von *Gergon* ebenfalls besonders durch den gerade verlaufenden Schrägstrich und verschieden gefärbte Hinterflügel. Nach Butler's Mittheilung steht sie *P. Imitans* Butl. nahe.

Fühler des ♂ kräftig, stark gezähnt, 15 mm. lang, mit borstig behaarten Endhäckchen, bräunlich gelb. Palpen gelbbraun, nach innen am Rande des Endgliedes schmal fleischfarben. Kopf dunkelolivengrün, an jeder Seite steht ein doppelter fleischfarbener Streif, in welchem die Fühler stehen, über den kammartig erhöhten Scheitel zieht ein schwarzbrauner Längsstreif und ein solcher begrenzt auch die beiden inneren hellen Seitenstreifen. In der Mitte des Kopfes nahe seinem Hinterrand steht ein violetter Fleck. Der Halskragen ist olivengrün, schwarz, braun und lichtveilrot gemischt. Der Thorax ist in der Mitte olivengrün, mit eingemengter veilroter Behaarung; die Schulterdecken sind am Auſsenrand in der Mitte grünlich gelb, an der Basis und am Ende veilgrau, durch ihre ganze Länge zieht ein breiter schwarzer, in der Mitte durch einen braunen Längsstreif geteilter Streif, an diesen Streif stöſst nach innen erst rötlich gelbe, dann schmal schwärzliche, zuletzt olivengrüne Färbung. Der Hinterleib ist auf dem Rücken in seinen drei ersten Gliedern olivengrün, in der Mitte veilrötlich gefärbt, dann erscheint er ockergelb, der Länge nach schwarz gestrichelt. Der Rücken wird auf den ersten 2 Gliedern seitlich von einem breiten, schwarzbraunen, nach auſsen olivenbraun und grün behaarten Streif begrenzt. Die übrigen Segmente führen in den Seiten je ein schwarzes Fleckchen, welchen 2 rötlichweifse feine Linien folgen. Seiten, Unterseite des Hinterleibes und Brust ockergelb, mit fleischrötlicher Einmischung. Beine lehmgelb. Vorderflügel gezähnt, vom Vorderrand bis zum Schrägstreif olivengrün und braun gemischt, längs des Vorderrandes schwarze Bestäubung, an diese stöfst in der Flügelmitte ein gröfserer unregelmäfsig gestalteter schwarzer Fleck und vor der Flügelspitze am Vorderrand ein kleinerer schwarzbrauner Fleck. Vor dem Schrägstreif ziehen zwei paralell laufende, auf Rippe 7 stumpf gewellte schwarzbraune Querstreifen. Der Schrägstreif ist strohgelb, in der Mitte rosenrot angehaucht, durch seine Länge zieht ein vom Innenrand bis Rippe 3 geraden und einfacher, dann gewellter und doppelter olivenbrauner Längsstreif. Nach aufsen ist der Schrägstreif durch einen schwarzbraunen, vom Innenrand bis auf Rippe 4 gleichmäfsig geraden dann gewellten, auf den Rippen fleckartig erweiterten Streif begrenzt.

Das Saumfeld ist grün, von zwei feinen rötlichgelben Wellenlinien durchzogen, längs des Saumes von Rippe 3—6 ungleich breit, bogenförmig, dunkelbraun gefärbt, ebensolche breite Färbung zeigt der Innenrand bis nahe dem Innenwinkel, nahe dem Schrägstreif zieht eine feine, gegen die Flügelspitze verloschene braune Linie.

Die Franzen sind von der Spitze bis in Zelle 6 gelblich, mit braunem Fleck auf Rippe 7, übrigens dunkelbraun. Hinterflügel schwächer gezähnt, dunkelbraun, vor dem Saum mit einem undeutlich begrenzten schmalen gelblichen Querstreif, welcher mit einem solchen Längsstreif vor dem Innenrand vor dem Innenwinkel zusammenstöfst.

Unten sind die Vorderflügel längs des Vorderrandes schmal, längs des Saumes breiter graugrün, schwarz gesprenkelt. Wurzel und Mittelfeld der Flügel schwärzlich grün, welche Farbe sich vor dem leichten Schrägstreif in zwei teilweis gewellten Streifen bis an den Vorderrand zieht. Der von zwei solchen Streifen begrenzte helle Querstreif ist weifs, an der Wurzel und dann sich als unterbrochener Streif fortsetzend, rostrot gemischt, und von einem graugrünen, teilweis in Flecke aufgelösten Streif durchschnitten. Am Vorderrand hinter der Mitte und im Wurzelfeld, in Zelle 2—4 an den Schrägstreif stofsend ist die Grundfarbe rostrot, graugrün gemischt. Der Innenrand ist bis nahe dem Innenwinkel schwärzlich braun. Franzen rostgelb, auf den Rippen dunkler gefleckt. Hinterflügel lehmgelb, in der Mitte veilrötlich angeflogen, mit schwärzlichen Sprenkeln, durch die Mitte zieht ein doppelter, schmaler schwarzer, gegen die Spitze abgebrochener Querstreif, welchem eine Reihe schwarzer Punkte folgt. Saum, besonders gegen den Afterwinkel dicht schwarz gesprenkelt. Franzen wie auf den Vorderflügeln. 32,16 mm. 1 ♂ von Aburi.

Ich benenne diese schöne Art zu Ehren Herrn Oberstlieutenants Saalmüller in Frankfurt a. M., des gediegenen Kenners der afrikanischen Lepidopteren. Ein Exemplar sah ich in Dr. Staudinger's Sammlung und wie mir Mr. Butler mitteilt, befinden sich 3 Exemplare derselben, aber ohne Namen in der Sammlung des British Museum.

Sphingidae.

Protoparce Burm.

154. *Weiglei* n. sp., fig. 24.

Fühler mit gelbem Schaft und braunen Zähnen. Palpen weifs, die obere Hälfte des Spitzengliedes graugelb. Kopf grau und rostgelb gemischt. Halskragen ebenso mit eingemengten weifsen Haaren. Thorax ebenso, besonders die Ränder der Schulterdecken weifs behaart. Hinterleib oben weifs und gelb gemischt, über den Rücken ein unterbrochener schwarzer Längsstreif, oberhalb der Seiten je ein solcher breiterer bis auf das drittletzte Segment reichend, unten weifs, an den Seiten gelb mit einem dunkeln Punkt auf jedem Segment. Schenkel und Schienen gelb und weifs gemischt, Tarsen braungelb, Brust weifs.

Vorderflügel weifs, dicht hinter der Wurzel ein breites olivengelbes Band, hinter welchem ein solcher Zackenstreif läuft, diesem folgt ein zweiter solcher Streif; im Mittelfeld ein rundlicher braun geringter Fleck der Grundfarbe in gelblicher und grauer Bestäubung. Hinter der Mitte eine aus drei schwarzen, gegen den Innenrand olivengelben Zackenstreifen bestehende Binde, hinter derselben ein verloschener gelber Zackenstreif, ein solcher Streif dahinter wird in Zelle 1b, 2 und 3 durch schwarze, paarweifs stehende Flecken markirt. Auf dem Saum stehen schwarze Mondflecken auf, deren gröfster in Zelle 6 steht. Saumlinie fein schwarz.

Hinterflügel schwarzgrau, an der Wurzel, hinter dem Afterwinkel und am Saum von Rippe 4 bis zum Afterwinkel weifs. Hinter der Mitte ein innerer schwarzer und ein äufserer rostgelber Querstreif. Saumlinie fein schwarz. Unterseite der Vorderflügel graubraun, hinter der Mitte ein schwarzbrauner Querstreif, vor dem Saum weifsliche Fleckchen. Hinterflügel bis hinter die Mitte weifslich dann braungrau, mit 2 dunkeln Querstreifen. 36,14 mm. 1 ♂ Accra. Butler war diese Art unbekannt.

155. *Solani* Bdv. F. Mad. p. 76, t. 11, f. 2. Bd. Spec. gén. Het. p. 85. H. Sch. Lep. exot. Het. f. 101. Walk. List. Sph. p. 206, no. 13 (1856). 1 ♂ von Accra.

Amphonyx Poey.

156. *Morgani* Bdv. Spec. gén. Het. p. 66 (1874). Walk. List. Sph. p. 206, 12. (1856). 1 ♂ dieser seltenen, von Boisduval nach einem einzelnen ♀ von Sierra Leone beschriebenen Art.

Nephele Hb.

157. *? Penaeus* Cr. I. t. 88. D. Walk. 193. 2 (1856). Bdv. Spec. gén. Het. p. 140. ♂ *Funebris* Fb. E. S. III. 1. 371. ♀ *Dydima* Fb. l. c. p. 371. 48.
Einige Stücke von Accra.

158. *Accentifera* Palisot de Beauv. Ins. Afr. Am. p. 264, pl. 24. f. 1 (1805). *Tridyma* v. d. Hoeven Tijd. v. Nat. VII. p. 278, pl. 5. f. 2 (1840). Bdv. Spec. gén. Het. p. 141. (1874).
Einige Exemplare von Accra.

159. * *Charoba* Kirby. Trans. ent. S. 1877. p. 243. Saalm. Lepid. v. Madag. I, p. 133.
Ebenfalls in mehreren Stücken in beiden Geschlechtern von Accra.

160. * *Vau* Walk. Heteroc. p. 197, 11 (1856). Bdv. Spec. gén. Het. p. 143 (1874).
Drei leider sehr geflogene Exemplare von Accra.

161. *Aequivalens* Walk. l. c. p. 191, 5 (1856). *Zebu* Bdv. l. c. p. 148 (1874).
3 ♂ von Accra.

Bombyces.
Agaristidae.

Eusemia Dalm.

162. *Euphemia* Cr. 345. A. Walk. List. Het. 50. no. 8 (1854). Bdv. Monogr. des Agaristidées p. 93. no. 22 (1874). Ein Paar von Aburi.

Bei dieser Gelegenheit will ich bemerken, daß die in meinen Beiträgen zur Schmetterlingsfauna des Kaffernlandes p. 290 aufgeführte Art nicht *Euphemia* Cr., sondern *Africana* Butl. Ann. & Magaz. of Nat. Hist. 1875, p. 142. no. 9 ist, welche sich von *Euphemia* durch schwarzen Halskragen, schmälere nicht unterbrochene gelbe Mittelbinde der Vorderflügel und Fehlen des gelben Innenrandlängsfleckes vor der Mitte derselben, unterscheidet.

Phaegorista Boisd.

163. * *Heleitoides* Dewitz. Mitteilungen des Münchener Entomologischen Vereins. III. 1, 1879, p. 32.

Ein ♂ von Aburi, welcher genau mit der von Dewitz gegebenen Beschreibung eines ebenfalls in Westafrika zwischen dem 17—22° O. L. auf dem 10" S. B. gesammelten ♂ übereinstimmt.

Aegocera Ltr.

164. *Triphaenoides* Wallgr. Kafferl. Lepid. Heteroc. p. 7. *(Agarista.)*
Ein ♂ von Aburi.

165. *Rectilinea* Bdv. Monographie des Aristidées (Revue et Magasin de Zoologie 1874) p. 50. Walk. List. Heteroc. p. 56.

Mehrere Stücke, doch meistens nur Männer von Aburi und Accra.

Aganidae.
Caryatis Hb.

166. *Philetha* Dr. III. t. 22. f. 5. Walk. List. Heteroc. p. 460, 1 (1854). In Mehrzahl von Aburi.

Syntomidae.
Automolis Hb.

167. *Syntomia* Plötz, l. c. p. 85. (Plegapteryx?) fig. 8.

Im Geäder finde ich keinen Unterschied von anderen Arten der Gattung *Automolis*.

Goldgelb, Vorderflügel mit braungrauer Ausfüllung der Wurzelhälfte der Mittelzelle, aus welcher zwei divergierende solche gebogene Querstreifen gegen den Innenrand ziehen, auf dem Schluſs der Zelle ein von der Subcostale bis auf Rippe 2 reichender und dort durch dazwischenliegende gleichfarbige dunkle Bestäubung mit dem 2ten Querstrich verbundener Zackenstreif. Im Saumfeld gegen die Flügelspitze Andeutungen eines kurzen, abgebrochenen Zackenstreifes. Hinterflügel unbezeichnet, gegen den Vorderrand und in der Mitte röthlich angeflogen. Unterseite unbezeichnet, heller, Vorderflügel in Zelle 1b rosenroth angeflogen. 14,8 mm. 1 ♂ von Aburi.

Syntomis O.

168. *Marina* Butl. Journ. Linn. Soc. XII. p. 348. 1 ♀ von Accra.

169. *Macrospila* Walk. List. Heteroc. 31. Suppl. 1. p. 67. (1864.) 1 ♀ von Aburi.

Euchromia Hb.

170. *Sperchius* Cr. 146. C. Walk. List. Heteroc. p. 220, 24. (1854.) In Mehrzahl von Aburi.

Arctiidae.
Amerila Wlk.

171. *Astraea* (Sph. Astreus) Dr. II. pl. 28 f. 4. Fb. Sp. Ins. II. 213 (*Noctua Astrea*). Ent. Syst. III. 2. 19. *Chelonia Madagascariensis* Bdv. Voy. Deleg. II. p. 598. Wallgr. Caff. Het. p. 48. (*Phryganeomorpha.*) *Amblythyris Radama* Mab. Bull. S. phil. 1879. p. 137. *Pelochyta Vidua* (Cr.) Saalm. Lepid. Mad. I. p. 150. t. V. f. 52. — Saalmüller theilt mir mit, daſs er mit der Ansicht Snellen's nicht mehr übereinstimme, in seiner abgebildeten Art

die Cramer'schen *Vidua* zu haben, und seitdem er das grofse ♀ von mir gesehen, mir zustimme, dafs dieses zur Drury'schen *Astrea*, wenn auch mit fehlerhaft wiedergegebenem Colorit, zugehöre. Dagegen habe er mehrere ♂ Stücke vom Congo erhalten, denen das Cramer'sche Bild der *Vidua* ziemlich gut entspreche; der *Astrea* Dr. wohl nahe stehend, haben dieselben viel dunklere Färbung und keine Glasflecken. Jedenfalls wird das ♀ hierzu vollkommene Sicherheit geben.

1 Stück von Accra, welches nur die halbe Gröfse meines Exemplars aus dem Kaffernlande erreicht.

Alpenus Walk.

172. *Maculosus* Cr. t. 370 B. Walk. List. Bomb. 1686. (*Spiloscema*? *maculosum*.) Zwei männliche Exemplare, welche ich von Aburi erhielt, erklärte Butler nach der ihm gesendeten Abbildung für wahrscheinlich zu der Cramer'schen Art gehörig.

Aletis Hb.

173. *Heleita* L. Syst. Nat. pag. 763. Drury III. t. 29. f. 4. Cr. t. 129. C. Walk. List. Bomb. 553. (1854.) *Macularia* Fb. Sp. Ins. 246, 27. Einige Stücke von Aburi.

Utetheisa Hb.

174. *Pulchella* L. Syst. Nat. X. p. 534. Noct. Pulchra Schiff. S. V. p. 68. *Deiopeia Pulchra* Steph. Ill. of Brit. Ent. II. p. 93.

Exemplare von Accra unterscheiden sich von den aus dem Kaffernland erhaltenen nicht.

Nyctemeridae.

Nyctemera Hb.

175. *Perspicua* Walk. List. Bomb. 398. In Mehrzahl von Aburi.

Otroeda Walk.

176. *Hesperia* Cr. t. 251. A. B. Walk. List. Bomb. 402. (1854.) 3 ♂ von Aburi.

Amnemopsyche Batl.

177. *Gracilis* n. sp., fig. 1.

Fühler schwarz, Palpen beingelb. Stirn schwarz, Scheitel zwischen den Fühlern weifs. Hinterkopf weifs mit graubraunem Fleck hinter den Fühlern. Thorax schwarz mit weifsem Mittelstreif und drei weifsen Flecken gegen den Hinterrand. Schulterdecken an ihrer Basis mit rundem, weifsem Fleck. Leib oben weifs, die Gelenke schwarz, unten ockergelb. Beine braun. Flügel halbdurchscheinend, weifs. Vorderflügel an der Wurzel mattorange bestäubt, Vorderrand breit schwarz gefärbt, Saumfeld bis an die Mittelzelle schwarz, in dieser Färbung ein grofser unregelmäfsig ovaler und näher dem Saum in Zelle 2 u. 3 ein kleinerer runder weifser Fleck, vor denselben in Zelle 3 ein länglicher ockergelber Fleck. Hinterflügel mit schwarzen tiefen, abgestumpften Zacken auf dem Saum. Franzen aller Flügel schwarz. Unterseite matter. 27.14 mm. ♂, ♀ von Aburi.

Liparidae.

? **Laelia** H. Sch.

178. *Unipunctata* n. sp.

Reinweifs. Vorderflügel mit einem schwarzen Punkt in der Mitte der Mittelzelle. Fühler rostrot. 24.12 mm. 1 ♂ von Aburi.

Nach Saalmüller dürfte diese Art nahe *Pantana* und *Cypra*, welche Gattungen mir fremd sind, eingereiht werden. Da ich nur einen einzelnen Mann besitze, sehe ich von Aufstellung einer neuen Gattung ab, gebe aber hier die hauptsächlichsten Gattungsmerkmale, nach Entdeckung des ♀ wird sich die systematische Stellung der Art leichter feststellen lassen. Im British Museum scheint sie zu fehlen, da sie Butler fremd war.

Nach H. Sch. Synopsis würde diese Art in seine Gattung *Laelia* gehören. ♂ breitflüglig. Hinterleib schlank, die Hinterflügel nicht überragend. Fühler dünn und sehr lang gekämmt. Palpen horizontal vorstehend, mindestens noch einmal so lang wie der Durchmesser eines Auges. Wurzel- und Endglied sehr kurz, letzteres schwach geneigt. Rücken und Seiten anliegend. Schneide abstehend, lang beschuppt. Hinterschienen mit Mittel- und Endspornen.

Vorderflügel mit 12 Rippen und deutlicher, breit dreieckiger, ziemlich grofser Anhangzelle. R. 2 aus dem letzten Dritteil der Subdorsale, über noch einmal so weit von 3, als diese von 5 entfernt. R. 3, 4 und 5 gleich weit von einander entspringend, 6 aus der Vorderecke der Mittelzelle. 7 und 10 nahe beisammen aus der Spitze der Mittelzelle. 8 aus 7, 9 aus 8 kurz vor der Flügelspitze in den Saum ziehend, 11 aus dem letzten Vierteil der Subcostale. Auf den Hinterflügeln R. 3 und 4 dicht neben einander entspringend, 5 nahe an 4. 6 und 7 mäfsig lang gestielt.

179. *Sordida* n. sp.

Die doppelt gespornten Hinterschienen, die Anhangzelle der Vorderflügel, aus welcher Rippe 7 und 8 mit 9 und 10 entspringen, sowie die gestielten Rippen 6 und 7 der Hinterflügel stellen diese Art nach Herrich-Schäffers analytischer Tabelle in seine Gattung *Laelia*, in welcher ich sie vorläufig unterbringe, möglicherweise weist der mir unbekannte Mann ihr eine andere systematische Stellung an. Die Palpen sind aufwärts gerichtet, den Kopf überragend, borstig behaart, das Endglied klein, etwas geneigt, abgestutzt, anliegend beschuppt, also von denen von L. Coenosa abweichend. Fühler bräunlich, Palpen, Kopf und Thorax ockergelb und braun gemischst. Hinterleib braungelb, Brust und Beine rostgelb. Vorderflügel ockergelb mit rostbrauner Einmischung, welche keine deutliche Zeichnung zeigt, und vor dem Saume zieht eine Reihe rostbrauner Mondfleckchen. Franzen rostbraun. Hinterflügel einfarbig graubraun, Franzen gelblich, an der Wurzel graubraun. Saumlinie gelblich. Unterseite graubraun, ins Rostgelbe ziehend, ohne Zeichnung. 18.9 mm. 1 ♀ von Aburi.

Euproctis Hb.

180. *Aurifrons* n. sp., fig. 3.

Fühlerschaft weifs, Kammzähne gelbbraun. Palpen und Kopf goldgelb, Halskragen und Thorax weifs. Leib gelb, der Afterbusch in der Mitte weifs. Schenkel und Schienen weifsbehaart. Tarsen schwarz.

Flügel weifs, Vorderflügel mit schwarzem Querstrich auf der Querrippe der Mittelzelle. 11.7 mm. 1 ♂ von Aburi.

Aroa Wlk.

181. *Sulphurea* Plötz Stett. Ent. Ztg. 1880 p. 84. — fig. 10.

Plötz bestimmte mir diese Art als vielleicht zu seiner *Sulphurea*, welche er nach einem einzelnen Mann beschrieb, gehörend, und stimmt diese Beschreibung bis auf die Farbe der Fühler, welche Plötz braungelb angiebt, die aber bei meinem Exemplar gelb sind. 1 ♀ von Aburi.

Eudasychira n. g.

Nahe bei *Dasychira* stehend, aber durch zwei Paar Spornen der Hinterschienen von jener Gattung getrennt.

Fühler (♂) kurz, dicht und stark zweireihig gekämmt. Palpen kurz, breit, anliegend beschuppt, mit sehr kurzem, stumpfem, schwach geneigtem Endglied. Schenkel und Schienen wollig behaart. Hinterschienen mit Mittel- und Endspornen. Hinterleib schlanker wie bei *Dasychira*, die Hinterflügel kaum überragend, anliegend beschuppt und behaart, auf dem 3. und 4. Segment ein aus aufgeworfenen Schuppen gebildeter Schopf wie bei *D. Fascelina*. Innenwinkel der Vorderflügel mehr abgeschrägt. Hinterflügel mit viel gerundeter Spitze und Saum.

Rippenverlauf wie bei *Dasychira*, auf den Hinterflügeln R. 6 u. 7 wie bei *D. Fascelina* gestielt.

182. *Quinquepunctata* n. sp., fig. 11.

Fühler (♂) mit weifsem Schaft und rostroten Kammzähnen. Palpen weifs, das Mittelglied am Rücken mit dunkelbraunem Fleck. Kopf, Thorax und Brust weifs, graubraun gemischt. Hinterleib ockergelb. Afterbüschel weifsgrau, die Rückenschöpfe dunkelbraun.

Schenkel und Schienen weifs, ebenso behaart. Tarsen goldgelb, aufsen schwarz gefleckt.

Vorderflügel weiss, dicht braun gesprenkelt, im Wurzelfeld am Vorderrand undeutliche Andeutungen von 3 braunen Zackenstreifen. Am Ende der Zelle stehen 5 braune längliche, punktartige Fleckchen in schräger Doppelreihe gegen den Vorderrand, an letzterem noch zwei weniger scharf begrenzte bräunliche Fleckchen. Das Saumfeld zeigt viel dichtere und dunklere braune Bestäubung, vor dem Saum zieht eine Reihe brauner Punkte durch den Flügel, die weifsen Franzen sind zwischen den Rippen braun gefleckt.

Hinterflügel goldgelb, gegen den Saum breit braun bestäubt. Franzen weifs. Unten die Vorderflügel schmutzig graubraun, mit schmalem, gelbem Vorderrand, Hinterflügel goldgelb, längs des Vorderrandes bräunlich bestäubt. Franzen wie oben. 18,10 mm. 1 ♂ von Accra.

Pseudonotodonta n. g.

♂ Fühler etwa ein Viertel der Vorderflügellänge haltend, zweireihig gekämmt. Palpen schräg aufsteigend, vorgestreckt, den Kopf überragend, dicht behaart. Mittelglied lang. Endglied sehr kurz, schräg abgestutzt, beschuppt. Kopf klein, nicht eingezogen, die anliegende Behaarung bildet in der Mitte des Scheitels eine rinnenartige Vertiefung. Augen grofs, kuglig, vortretend, nackt. Halskragen und Thorax anliegend behaart, ersterer geteilt, letzterer gewölbt. Hinterleib die Flügel um ⅓ überragend, plump (♀) anliegend beschuppt, auf Segment 2 u. 3 mit kleinem aufgeworfenem Schuppenhöcker. Spitze kurz behaart. Vorderschenkel und Schienen kurz und dicht behaart.

Vorderflügel mäfsig breit. Vorderrand ziemlich stark gebogen, Flügelspitze abgestumpft. Saum auf Rippe 4 stumpfwinklig gebogen, auf Rippe 2 eingezogen.

Hinterflügel breit, mit hinter der Wurzel etwas eingezogenem, stark behaartem Vorderrand; Flügelspitze abgeschrägt, Saum schwach gebogen, in Zelle 1 c schwach eingezogen, auf allen Flügeln gewellt.

Flügel im Geäder *Dasychira* gleich, also Vorderflügel mit Anhangzelle, aus welcher Rippe 7 u. 8 mit 9, sowie 10 entspringen. Auf den Hinterflügeln berühren sich Subcostale und Costale ein Stück hinter der Wurzel. 6 und 7 sind sehr kurz gestielt.

Obgleich meinem ganz reinen Exemplare die Mittel- und Hinterbeine leider fehlen, so dafs sich über deren Spornen nichts sagen läfst, so trennen doch die Gestalt des Kopfes, der Palpen, die stark gekämmten weiblichen Fühler, sowie die Gestalt der Vorderflügel diese Art sicher von *Dasychira* und *Calliteara* Butl. In letzterer Gattung stehen *Abietis* S. V. und einige exotische Arten, welche aber nach Butler's brieflicher Mitteilung durchaus den Habitus von jener Art zeigen. Die vorliegende Art hat ein entschieden notodontidenartiges Aussehen, die Gestalt der Fühler und vor allem die nicht in der Mitte zwischen Rippe 4 u. 6, sondern nahe an 4 entspringende Rippe 5 aller Flügel trennen die Art scharf von jener Familie und stellen sie zu den *Liparüden*.

183. *Virescens* n. sp., fig. 6.

Fühler schmutzig graugelb, Schaft braungefleckt. Palpen schmutzig ockergelb. Wurzel- und Mittelglied mit dunkelbraunem Rücken und Seiten. Endglied dunkelbraun mit gelber Spitze. Kopf, Halskragen und Thorax steingrün mit eingemengter gelblicher und dunkelbrauner Behaarung. Brust und Hinterleib gelbgrau, die Rückenschöpfe etwas dunkler, metallisch glänzend.

Vorderflügel steingrün, in der vordern Hälfte des Mittelfeldes gelbgrün, längs des Saumes in der Mitte mit weißgrüner fleckartiger Bestäubung, ebensolche Färbung begrenzt am Vorderrande den hintern Querstreif beiderseits und zeigt sich in der Flügelspitze. Das Mittelfeld ist vom Vorderrand bis auf die Subdorsale in seiner hintern Hälfte durch bräunliche Bestäubung verdunkelt und zeigt gegen den Innenrand ziehend einen veilgrauen bindenartigen Streif, ein solcher zieht auch durch das Saumfeld. Aus der Flügelwurzel zieht ein breiter schwarzbrauner Längsstreif bis über die Mitte des Mittelfeldes, aus dem Vorderrande entspringt nahe der Wurzel ein gebogener, sehr schräg gestellter dunkelbrauner Streif, welcher den Längsstreif nicht ganz erreicht. Durch die Mitte des Mittelfeldes zieht ein solcher, am Vorderrand und unterhalb der Subdorsale breit unterbrochener, nur bis auf die Innenrandsrippe ziehender brauner Querstreif, welcher in der Mittelzelle zwei Bogen bildet. Der hintere Querstreif ist rostbraun, undeutlich, stark gewellt. Im Saumfeld ein schwarzer unregelmäßig verlaufender Streif, derselbe entspringt aus dem Vorderrand, zieht in Zelle 6 spitz bis in den Saum, bildet dann nach innen einen starken Bogen, um in Zelle 3 nochmals in einer spitzen Ecke in den Saum zu treten und dann schräg, unregelmäßig gezackt, nach innen bis in Zelle 1b zu ziehen. Am Vorderrand ist dieser Streif nach außen weißgrün, an seinem Ende weiß angelegt.

Vor dem Saum zieht eine matte feine braune Linie durch den Flügel, zwischen ihr und dem Ende des Zackenstreifes steht in Zelle 1b ein brauner, schwarz bestäubter Fleck. Ueber die ganze Flügelfläche sind feine schwarze Pünktchen verstreut, die Rippen sind dunkelbraun bestäubt. Franzen bräunlichgelb, in den Zellen dunkelbraun gefleckt. Hinterflügel schmutzig bräunlichgrau, Saumlinie mehr dunkelbraun, Franzen mehr gelblich gefärbt.

Unterseite der Vorderflügel licht braungrau, der Vorderrand schmutzig ockergelb. Hinterflügel schmutzig ockergelb, hinter der Mitte mit einem schmalen, abgebrochenen, ganz verloschenen Querstreif, hinter demselben eine breitere solche Binde. Die Fläche aller Flügel sparsam mit schwarzen Pünktchen bestreut. Saumlinie gelb, Franzen wie oben. 31.15 mm. 1 ♀ von Aburi.

Cochliopodae.
Parasa Moore.
184. *Pallida* n. sp., fig. 2.

Fühler rostgelb. Palpen rostgelb. Kopf und Thorax weifs, Stirn gelblich, Hinterleib goldgelb. Beine goldgelb. Vorderschenkel und Schienen unten rostbraun, an den übrigen Beinen die Spitzen der Schenkel rostbraun. Vorderflügel weifs; beim ♂ zwei braune Längsflecken nahe der Flügelwurzel; hinter der Mitte zieht ein stark bogenförmig geschwungener Querstreif. Franzen gelblich. Hinterflügel hell ockergelb. Unten alle Flügel hellgoldgelb, am Vorderrand breit rostrot bestäubt. 18—22, 10—12 mm. ♂ ♀ von Aburi.

Saturnidae.
Samia Hb.
185. * *Vacuna* Westw. Proc. Zool. Soc. 1846, 39, pl. 7, f. 1. (♂.) Wlk. List. Bomb. 1216. (1855.) 1 ♂ von Aburi.

Bunaea Hb.
186. * *Tyrrhena* Westw. l. c. 1849, 51, pl. 8 f. 1. Walk. l. c. V. 1229. (1885.) 1 ♀ von Accra.

Bombycidae.
Gastroplakaeis u. g.
Fühler (♂) von ⅓ der Vorderflügellänge in der Mitte sichelförmig nach aufsen gebogen, doppelreihig gekämmt.

Die Palpen wie bei *Gastromega* gebildet, indem das zweite längere, am Kopf aufsteigende und an denselben anliegende Glied von dem ersten etwas geneigten kürzeren Gliede trichterartig umschlossen wird. Das winzige Endglied ist vollständig in der dichten anliegenden Beschuppung versteckt, und überragen die Palpen die kurze Stirnbehaarung nicht. Die Augen grofs, kuglig, hervorstehend, vollständig nackt. Der Thorax ist lang, nach vorn und hinten abgerundet und an den Seiten gegen den aufsergewöhnlich breiten Halskragen nicht abgesetzt, er ist wenig gewölbt und anliegend behaart. Der Hinterleib überragt die Hinterflügel um mehr als ⅓, ist flach gedrückt, und die anliegende Behaarung zeigt sich in den Seiten auf den einzelnen Segmenten etwas abstehend. Der Afterbusch ist an beiden Seiten lang, in der Mitte sehr verkürzt und erhält dadurch ein zangenförmiges Ansehen. Beine kräftig, Schenkel und Schienen dicht und lang anliegend behaart, Mittel- und Hinterschienen mit Endspornen.

Vorderflügel schmal, ihr Vorderrand wenig gebogen, die Spitze wie bei *Gastromega* rechtwinklig vortretend, von Rippe 5 an ist der schwach und stumpf gezähnte Saum bis zum Innenwinkel stark abgeschrägt, letzterer verläuft unmerklich in den kurzen Innenrand. Hinterflügel mit langem, schräg abwärts gerichtetem Vorderrand, welcher mit dem schwach und stumpf gezähnten Saum fast einen rechten Winkel bildet. Letzterer auf Rippe 2 stumpfwinklig gebogen und einen abgestumpften Afterwinkel bildend.

Der Rippenverlauf, wohl aus der Abbildung erkenntlich, weicht von dem der Gattung *Gastromega* nur dadurch ab, dafs auf den Vorderflügeln Rippe 9 nicht aus der Vorderecke der Mittelzelle, sondern ein Stück vor derselben aus der Subcostalen, und Rippe 11 nicht kurz vor deren Ende, sondern bald hinter ihrem ersten Drittteil entspringt, auch kann ich trotz Abschuppens keinen die Subcostale mit Rippe 12 verbindenden Querast entdecken. Auf den Hinterflügeln sind Rippe 4 u. 5 nicht gegabelt, sondern entspringen mit Rippe 3 dicht neben einander aus der Hinterecke der Mittelzelle.

187. *Forficulatus* n. sp., fig. 17.

Fühlerschaft schwarz, Kammzähne hellbraun. Palpen, Kopf, Thorax und Brust ockergelb und braun gemischt. Hinterleib oben dunkelschwarzbraun, die einzelnen Segmente rostrot gerandet, in den Seiten rostrot behaart, unten gelbbraungrau gemischt, ebenso ist der Afterbusch gefärbt. Behaarung der Schenkel und Schienen ockergelb und braun gemischt. Tarsen schwarz, unten weifslich gelb, an den Seiten und oben mit eingemengten weifsgelben Schuppen. Die Grundfarbe der Vorderflügel ist oben ein Gemisch von Ockergelb und Rotbraun, am dunkelsten gegen die Spitze und im Wurzelfelde. Letzteres wird von einem undeutlichen, stark unregelmäfsig geschwungenen schwarzen Bogenstreif begrenzt; hinter der durch einen starken, tiefschwarzen Punkt bezeichneten Mitte zeigen sich Spuren eines ganz verloschenen solchen Querstreifes.

Die Hinterflügel zeigen den Vorderrand bis auf Rippe 7 gelbbraun gefärbt, von da an bis auf Rippe 1 b färben sie sich dunkelschwarzbraun, dann bis zum Innenrand, erst rostrot, dann rostgelb, die Rippen, mit Ausnahme von 7, sind ebenfalls rostrot und treten scharf aus dem dunkeln Grunde hervor. Die Franzen der Hinterflügel sind braungelb.

Unten färben sich die Vorderflügel schwarzbraun, nur der Vorderrand ist schmal ockergelb, der Innenrand ist bis an Rippe 2 rostgelb behaart, und die Rippen sind ockergelb. Die Hinterflügel sind wie oben, nur reicht die rostrote Färbung bis an den Innenrand, die Rippen sind mit Ausnahme der rostrot behaarten Subdorsal-Innenrandsrippen ockergelb. 26,11 mm. 1 ♂ von Accra.

Den Artnamen nahm ich von dem eigentümlichen Afterbusch des ♂.

Opsirhina Walk.

188. *Metallescens* n. sp., fig. 9.

Etwas gröfser als *Nasuta* Levin, die Vorderflügel mit schärfer vorgezogener Spitze und scharf ausgerundetem Saum. Färbung des Körpers und der Flügel ist ein lichtes Rötlichbraun. Das Wurzelfeld der Vorderflügel wird durch einen verloschenen feinen schwärzlichen, stark nach aufsen gebogenen Querstreif begrenzt, diesem folgt in der Flügelmitte ein breiterer solcher Streif, hinter diesem steht ein am Vorderrand breiter, kurzer solcher Streif, vor dem Saum zieht ein feiner, am Vorderrand schärfer, dann mehr verloschener geschwungener und stumpf gezackter schwärzlicher Streif, und am Saum erscheint von Rippe 3—7 reichend breite dunkelgraue Bestäubung, in ihr bis in Zelle 2 reichend finden sich metallisch blaugrau glänzende Schuppen, welche teils vereinzelt stehen, teils Fleckchen bilden. Einzelne solche Schüppchen stehen auch im Mittelfelde, besonders gegen den Vorderrand. Die Hinterflügel führen hinter der Mitte einen ganz verloschenen dunkeln Bogenstreif, der Saum ist wie auf den Vorderflügeln gezeichnet. Die Franzen der Vorderflügel sind dunkelrostbraun, die der Hinterflügel sind von der Grundfarbe der Flügel, die Saumlinie aller Flügel ist rostgelb. Unten sind die Flügel etwas lichter gefärbt, von den Querstreifen der Vorderflügel ist nur der hinterste sichtbar, welcher gleichmäfsig gebogen und nur ganz unmerklich gezackt durch den Flügel zieht, vor ihm steht ein verloschener dunkler Fleck am Vorderrande. Vor dem Saum stehen in allen Zellen metallische Fleckchen. Die Rippen sind in ihrer Endhälfte rostbraun gefärbt.

Hinterflügel mit gleichmäfsig stark nach aufsen gebogenem Querstreif hinter der Mitte, vor demselben zieht ein breiteres verloschenes dunkles Band, die metallischen Flecken vor dem Saum wie auf den Vorderflügeln, an der Wurzel zeigen sich die Rippen ebenfalls metallisch gefärbt. Franzen wie oben. 14,9 mm. 1 ♂ von Aburi.

Philotherma n. g.

Männliche Fühler von ⅓ der Vorderflügellänge, stark zweireihig gekämmt. Kopf vortretend, schmal, dicht anliegend behaart. Palpen die Behaarung der Stirn nicht überragend, am Kopf aufsteigend, anliegend, dicht behaart, das Endglied in der Behaarung versteckt. Thorax kurz, mit ziemlich breitem, spitz zwischen die Schulterdecken tretendem Halskragen, wenig gewölbt, dicht anliegend behaart. Männlicher Hinterleib schlank, seitlich etwas zusammengedrückt, die Hinterflügel um ⅓ überragend, lang und dicht anliegend behaart. Beine kräftig, Schenkel und Schienen dicht und lang behaart, Mittel- und Hinterschienen mit Endspornen.

Vorderflügel breit mit stark gebogenem Vorderrand, abgerundeter Spitze, geradem, sehr schwach gewelltem Saum, abgerundetem Innenwinkel und langem, geradem Innenrand.

Hinterflügel mit langem, gegen die Flügelspitze herabgezogenem Vorderrand, abgeschrägter Spitze, bis auf Rippe 2 gerade schwach auswärts gezogenem, dann stumpfwinklig gebogenem Saum und abgestumpftem Hinterwinkel. Innenrand lang und gerade, glattrandig. Mittelzelle nur von ⅓ der Vorderflügellänge, sehr schmal, durch einen stark einwärts gebogenen Querast geschlossen. Rippe 2 und 3 aus der Subdorsale etwas näher von einander als 3 von 4 entspringend. Diese dicht neben 5 aus der Hinterecke der Zelle, 6 und 7 dicht neben einander aus deren Vorderecke, 8 aus dem letzten Vierteil der Subcostale, 9 vor deren Mitte, 10 aus dem ersten Vierteil von 9,11 sich im ersten Drittteil gegen den Vorderrand biegend und dann dicht neben der Costale hinlaufend.

Der Rippenverlauf der Hinterflügel ist eigentümlich. Die Mittelzelle erreicht noch nicht einmal ein Drittteil der Flügellänge, sie ist noch schmäler wie auf den Vorderflügeln und teilweis offen, indem, wie sich beim Abschuppen deutlich zeigt, der Querast nicht bis an die Subcostale reicht, sondern in der Mitte der Zellenbreite endigt. Auch entspringt Rippe 6 nicht aus der Subcostale, sondern mit derselben aus gleichem Punkt aus der Wurzel. Rippe 4 und 5 entspringen dicht neben einander aus der Hinterecke der Zelle, 2 und 3 ziemlich gleich weit von sich und wie 3 von 4 entfernt.

189. *Jacchus* n. sp., fig. 4.

Fühlerschaft dunkelbraun, Kammzähne gelbbraun. Palpen gelbbraun. Kopf und Thorax licht rötlich braun, Brust rostgelb, Hinterleib und Behaarung der Schenkel und Schienen glänzend licht ockergelb. Tarsen braungelb.

Vorderflügel licht rötlich braun, das Wurzelfeld wird durch einen geraden, etwas saumwärts gerichteten weißlichen Querstreif, welcher saumwärts fein braun gerandet ist, das Mittelfeld durch einen nach innen gestellten braunen, wurzelwärts bis gegen den Vorderrand weißlich begrenzten Querstreif begrenzt, in ihm steht ein runder weißer Punkt. Im Saumfeld zieht aus der Flügelspitze ein gewellter, in Zelle 2 saumwärts tretender weißlicher Querstreif, welcher nach aufsen durch in den Zellen aufsitzende braune Fleckchen begrenzt wird. Die Hinterflügel sind lichter, besonders gegen den Innenwinkel mehr ins Weifslichgelbe ziehend. In der Mitte zieht ein abgebrochener feiner brauner, schwach geschwungener Streif aus dem Vorderrand bis in die Hälfte des Flügels, von dem hellen Streif im Saumfeld sind nur die braunen Flecken sichtbar.

Unterseite lichter, Vorderflügel mit geradem, Hinterflügel mit geschwungenem rostgelbem Mittelstreif, welcher auf allen Flügeln abgebrochen ist, und mit einer auf den Hinterflügeln nach aussen geschwungenen Reihe rostbrauner Flecken.

Franzen oben von der Grundfarbe der Flügel, unten braungelb. 38,24 mm. 1 ♂ von Aburi.

Notodontidae.

Macronadata n. g.

♀ Fühler von ⅓ der Vorderflügellänge, kurz zweireihig gekämmt, an der Wurzel ein breiter, aufgerichteter Haarbusch. Palpen schräg aufsteigend, anliegend behaart, Mittelglied gegen das Ende breiter werdend, gerade abgeschnitten, mit kurzem, knopfförmigem Endglied. Kopf und Thorax anliegend behaart, der Halskragen bildet eine hohe spitze Kapuze. Leib flach, anliegend behaart, die Hinterflügel fast um ½ überragend. Schenkel und Schienen anliegend behaart, Mittelschienen mit End-, Hinterschienen mit Mittel- und Endspornen.

Vorderflügel mäfsig breit, mit stark gebogenem Vorderrand und scharf vorgezogener Spitze. Der Saum ausgeschnitten, gegen den Innenwinkel abgeschrägt, dieser selbst stumpfwinklig angedeutet. Innenrand gerade, vom ersten Dritteil bis zum Innenwinkel kurz behaart. Hinterflügel mit langem Vorderrand, abgerundeter Spitze und bauchigem Saum, Afterwinkel mäfsig gerundet.

Vorderflügel mit 11 Rippen, 2 aus dem letzten Vierteil der Subdorsale, 3 und 4 nahe bei einander aus der Hinterecke der Mittelzelle, 5 aus der Mitte des stark gebogenen Querastes, 6 aus der Vorderecke der Zelle, 7 dicht vor, 8 aus der Spitze der kleinen, schmalen Anhangzelle, 9 aus dem letzten Vierteil von 8 und dicht neben derselben in die Flügelspitze auslaufend. 10 aus dem letzten Vierteil der Subcostale in den Saum. Auf den Hinterflügeln ist die Hinterecke der Mittelzelle in eine weit vorspringende Spitze saumwärts gezogen, der Querast bildet einen stumpfen Winkel. Rippe 2 aus dem letzten Vierteil der Subcostale, 3 und 4 nahe neben einander aus der Hintercke, 6 und 7 gestielt aus der Vorderecke der Zelle, 5 hinter der Mitte des Querastes aus der fein geteilten Zelle entspringend.

190. *Collaris* n. sp., fig. 7.

Fühler rotbraun, Schaft heller als die Kammzähne. Palpen rostbraun, braungelb gemischt. Halskragen dunkelbraun mit drei dunkleren Querlinien, die Kapuze an ihrer Basis oben gelbbraun gemischt. Thorax, Brust und Hinterleib, sowie die Beine und deren Behaarung hellrötlich braun.

Vorderflügel hellrotbraun mit zwei gelblichen, nach aufsen fein dunkel angelegten schräggestellten Querstreifen, deren hinterer gegen den Vorderrand in einer spitzen Ecke saumwärts tritt und sich dann gebogen bis zum Vorderrand zieht. Durch das Mittelfeld zieht ein vor dem Vorderrand gebogener, mäfsig breiter, dunkelbrauner Schattenstreif, und vor ihm, nahe dem vorderen Querstreif steht ein grofser dunkelbrauner, licht rotbraun gekernter runder Fleck. Vor dem Saum ist die Färbung der Grundfarbe etwas dunkler. Die Franzen sind dunkelbraun.

Hinterflügel hell rotbraun ohne Zeichnung, Saumlinie dunkelbraun, Franzen gelblich.

Unterseite einfarbig heller rotbraun, ins Ockergelbe ziehend. Hinter der Mitte aller Flügel steht ein gegen den Innenrand abgebrochener, aus unzusammenhängenden schwarzen Schuppenfleckchen gebildeter Querstreif, die übrige Fläche der Flügel zeigt eingestreute schwarze Pünktchen. Franzen wie oben. 35,16 mm. 1 ♀ von Aburi.

Noctuae.
Xanthodes Guen.

191. °*Malvae* Esp. Die Schmetterl. in Abbild. n. d. Natur. t. 195. f. 4. IV. 2. p. 63. Guen. Noct. II. 210. IIb. Noct. f. 358. Tr. V. 3. 238. Walk. List. Noct. 177. 1 ♀ von Aburi.

Leucanitis Guen.

192. *Stolida Fb. Spec. Ins. II. 218. 54. *Grammodes Stolida* Guen. Noct. III. p. 276. 1717 (1852). *Cingularis* IIb. Noct. f. 352. 512.

Melipotis IIb.

193. *Mahagonica* Saalm. Lepid. Mad. II, t. XI. f. 184. 1 ♀ von Aburi.

Ophideres Bdv.

194. *Fullonica* L. Syst. Nat. 812. Guen. Noct. III. 111. *Noct. Pomona* Cram. II. t. 77. C. 1 ♂ von Aburi, bei dem der nierenförmige Flecken der Hinterflügel deutlich dreilappig ist.

195. *Princeps* Guen. Noct. III. 114. ♀. Wlk. List. 1223. *Divitiosa* Wlk. Proc. Nat. Hist. 5. of Glasgow vol. I. 1869. p. 356. pl. VII. f. 11. ♂. *Banakus* Plötz Stett. ent. Z. 1880. p. 298. ♂.

Meine drei Exemplare, 2 ♂ von Aburi, 1 ♀ von Accra, lassen mir keinen Zweifel darüber, dafs beide Arten zusammengehören, wenn sonst die Bestimmung meiner Männer durch

Plötz selbst richtig ist. Guenée's Abbildung des ♀ von *Princeps* stimmt genau mit meinem westafrikanischen Exemplar. Auffalllend ist allerdings, dafs Guenée Nouvelle Guinée als Vaterland seiner Art angiebt, welche ihm nur in einem einzelnen ♀ vorlag; doch ist es ja leicht möglich, dafs Guenée dasselbe unter falscher Vaterlandsangabe erhielt oder ein Irrtum zwischen Guinea und Neu-Guinea, vielleicht auch ein Schreibfehler sich einschlich, oder endlich die Art in beiden Ländern fliegt. Walker's Beschreibung und Abbildung als *Divitiosa* ♀ stimmen genau mit meinen ♂ überein, und kann ich nach der ganzen Form und Zeichnung nur annehmen, dafs hier in der Angabe des Geschlechtes ein Irrtum Walker's vorliegt. Plötz führt Princeps ebenfalls als von Guinea (Victoria) ihm vorliegend an; es ist sehr zu bedauern, dafs er *Banakus* ohne Angabe des Geschlechtes beschreibt und auch bei Princeps nicht sagt, ob ihm nur das ♀ oder auch der ♂ vorlag. Meine beiden ganz übereinstimmenden Männer weichen in etwas von der von Plötz gegebenen Beschreibung ab; der rundliche lederbraune Fleck, welcher in Zelle 2 in der grünen Binde der Vorderflügel steht, fehlt nämlich denselben, wenn nicht mit demselben ein grofser, vom Innenwinkel bis an die Binde reichender brauner Fleck gemeint ist, welcher bei den Plötz vorgelegenen Stücken eine andere Gestalt und Stellung hatte. Bei einem meiner beiden Exemplare bildet dieser Fleck das Ende einer sich verschmälernden braunen Binde, welche in Zelle 3 unterbrochen, durch den ganzen Flügel bis in den Vorderrand zieht und in Zelle 4 in die grüne Binde tritt. Bei meinem zweiten Exemplar fehlt diese Binde so gut wie gänzlich; es scheint diese Art also in dieser Beziehung nicht unwesentlich zu variieren. Auch der von Plötz erwähnte durch eine blasse Zackenlinie von der Binde getrennte mattgrüne Schatten fehlt meinen beiden Stücken.

Dafs beide Geschlechter dieser Art gleich gezeichnete und gefärbte Vorderflügel haben sollten, bezweifle ich und glaube daher, dafs nach der von Plötz gegebenen Beschreibung von *Banakus* ihm auch nur 3 männliche Exemplare vorgelegen haben werden.

Miniodes Guen.

196. *Discolor* Guen. l. c. p. 119. pl. 16 f. 4 (1852). Wlk. List. Noct. 1232, 1 (1857).
Ein Exemplar dieser prächtigen Art von Aburi.

Megacephalon Saalm.

197. *Fenestratum* n. sp.

Fühler rostbraun, Palpen dunkelbraun, mit sparsam eingemengten weifsen Härchen und gelber Spitze des Endgliedes. Der übrige Körper und die Beine dunkelbraun, Tarsen gelb gefleckt.

Vorderflügel dunkelrotbraun mit veilblauem Schimmer und zahlreichen eingemengten, äufserst feinen bläulichen Pünktchen. Die Zeichnung besteht aus einem ganz verloschenen gezackten rostroten Querstreif im Wurzelfeld und einem ebenfalls teilweis ganz undeutlichen hinteren Querstreif, welcher sich so viel an meinem, übrigens gut erhaltenen Exemplar in ähnlicher Weise biegt, wie dies bei vielen Arten der Gattung *Botys* der Fall ist. Der ebenfalls gezackte, weifsliche, aber fast ganz rostrot übergossene Streif zieht schwach saumwärts gebogen vom Vorderrand bis in Zelle 1 b, biegt sich hier, einen weifsen ovalen, nach aufsen eingeschnürten Fleck, welcher von Zelle 2 in Zelle 1 b hinüberreicht, einschliefsend, bis unter die Nierenmakel zurück, bildet hier abermals einen Bogen und zieht dann gewellt in den Innenrand. Die ganz undeutlichen Makeln sind dunkelbraun, die Nierenmakel vorn rostrot bestäubt. Aus der Flügelspitze zieht ein am Ende verdickter kreideweifser Schrägstreif bis in Zelle 5. Saumpunkte fein weifs. Saumlinie fein gelb, Franzen dunkelbraun. Hinterflügel olivenbraun, im Mittel- und Wurzelfeld theilweis violett schimmernd, hinter der Mitte ein undeutlicher gelblicher gewellter Streif. Saumlinie fein dunkel, aufsen undeutlich lichte Saumpunkte und Franzen wie auf den Vorderflügeln.

Unten olivenbraun, fein weifs bestäubt, alle Flügel hinter der Mitte mit einer Bogenreihe weifser Punkte auf den Rippen, der weifse Streif aus der Spitze der Vorderflügel matter, der weifsliche Fleck in Zelle 2 nicht sichtbar. Saumpunkte hellgelb. Saumlinie und Franzen wie oben. 23,13 mm. 1 ♀ von Accra.

Patula Guen.

198. *Walkeri* Butl. Ann. & Mag. Nat. Hist. 4. vol. 16. 1875. p. 406. Saalm. Lepid. Madag. II. t. 9. f. 137.

Ein ♀ von Aburi. Die von Plötz als bei Mungo und Victoria gefangene Art, welche er als *Macrops* aufführt, wird wohl auch *Walkeri* sein.

Hypopyra Guen.

199. *Capensis* H. Sch. Lepid. Exot. f. 121,122 (1850—58). Wlk. List. Noct. 1324. 3 (1858). ♂, ♀ von Accra und Aburi.

Entomogramma Guen.

200. *Pardalis* Saalm. Ber. Senckb. G. 1880. p. 280. Lepid. Mad. t. 14. f. 222. 1 ♂ von Aburi.

Ophisma Guen.

201. *Pudica* n. sp., fig. 12.

Körper und Flügel graugelb, bei einem Stück auf den Vorderflügeln veilröthlich angeflogen. Vorderflügel mit 2 Querstreifen, beide rotbraun, saumwärts fein weifslich gesäumt.

Der erste fast gerade, der zweite stark unregelmäfsig geschwungen, in Zelle 5 eine spitze Ecke saumwärts, auf Rippe 2 eine schwache Ecke nach innen bildend. Makeln kaum angedeutet, die Nierenmakel als Strich, die Ringmakel als zwei übereinanderstehende Punkte sichtbar. Aus der Flügelspitze zieht ein sehr undeutlicher Schrägstreif zum hintern Querstreif und stöfst auf dessen Ecke in Zelle 5. Das dadurch entstehende Dreieck am Vorderrand ist etwas mehr gelblich bestäubt, und in ihm stehen am Vorderrand 4 feine weifsliche Punkte. Solche ganz verloschene Punkte stehen auch am hintern Querstreif von Rippe 1 bis 6. Hinterflügel mit einem schmalen gelblichen Bogenstreif durch die Mitte und lichter bindenartiger Bestäubung am Saum. Saumlinie aller Flügel fein gelb. Franzen graubraun, die der Hinterflügel mit weifsen Spitzen. Unterseite etwas heller. Alle Flügel mit einem schmalen braunen Bogenstreif und einem gleichfarbigen, auf den Hinterflügeln aufsen stark gezähnten und fein weifslich gesäumten breiten Band hinter der Mitte, die Hinterflügel führen einen schmalen braunen Bogenstreif in der Mitte und vor demselben einen Punkt von der gleichen Färbung. Auf den Vorderflügeln zeigt sich vor dem Saum braune bindenartige Bestäubung. Saumpunkte fein schwarz. Franzen wie oben. 24,14 mm. 2 ♀ von Aburi.

202. *Opulenta* n. sp., fig. 15.

Fühler beinfarben, Palpen gelbgrau. Kopf und Thorax rötlich braun, Brust graugelb, Hinterleib oben rötlich braun, unten gelbgrau, ebenso die Beine, mit eingemengten braunen Schuppen. Grundfarbe der Flügel ein lichtes Braungelb. Vorderflügel längs des Vorderrandes mit weifsen Hakenfleckchen, welche paarweis stehen, dann folgen weifse Punkte. An der Wurzel steht ein feiner weifser Bogenstreif, welchem ein zweiter solcher folgt. Der erste bildet drei ziemlich gleichmäfsige Bogen, der zweite zwei solche. Hinter diesem Streif läuft, am Innenrand mit ihm zusammenstofsend, ein gerader schräg gestellter Querstreif bis zur Nierenmakel. Dicht hinter ihm steht die grofse ovale weifsumzogene, innen noch einen ovalen weifsen Ring zeigende Nierenmakel, aus deren Vorderrand sich der weifse Schrägstreif zum Vorderrand fortsetzt. Das Mittelfeld ist chokoladebraun gefärbt und tritt von einem weifsen Bogenstreif begrenzt in einer breiten Ausbuchtung bis nahe zum Saum. Auf den Hinterflügeln beginnt das dunkelbraune Feld, von einem abgebrochenen weifsen Zackenstreif am Innenrand begrenzt, nahe hinter der Wurzel und nimmt die Hälfte der Flügelfläche ein. Der hintere feine weifse Querstreif zieht vom Vorderrand bis in Zelle 5 gerade, dann bildet er einen breiten eckigen Vorsprung von Rippe 3–4 gegen den Saum und zieht dann stark gebogen in den Innenrand. Vor dem Saum aller Flügel feine schwarze Punkte. Saumlinie gewellt, gelb. Franzen graubraun.

Unterseite schmutzig ockergelb, dicht braun bestäubt, hinter der Mitte aller Flügel ziehen zwei dunkel braune Kappenstreifen; dicht hinter dem äufseren ist auf den Vorderflügeln eine feine bräunliche Querlinie sichtbar. Saumpunkte deutlich dunkelbraun. Saumlinie fein braun. Franzen an der Wurzel gelblich, dann braun. 21,13 mm. 1 ♀ von Aburi.

Achaea Hb.

203. *Hilaris* Plötz. Stett. Ent. Ztg. 1880, p. 299.

Plötz bestimmte mein von Accra und Aburi erhaltenes Paar für diese Art.

Ophiusa Tr.

204. *Allardi* Oberth. Etud. d'Ent. III. 1878. p. 35. t. 2. f. 6.

2 ♂ dieser von den übrigen Arten dieser Gattung in Färbung und Zeichnung auffallend abweichenden Art von Accra.

205. *Dejeanii* Bdv. Faun. Madag. Pl. 15. f. 4. pag. 102. Guen. (Achaea) l. c. p. 245.

Ich erhielt einige Stücke von Aburi, welche aber sämmtlich die gelbe Randbinde der Hinterflügel nicht so hellgoldgelb wie die Abbildung in der Faun. Mad. zeigen.

206. *Klugii* Bdv. l. c. p. 103. Guen. (Ophisma) l. c. p. 243.

1 ♀ von Aburi.

207. *Angularis* Bdv. l. c. Pl. 13. f. 3. p. 103. Guen. l. c. 266.

1 ♀ von Aburi.

Colbusa Walk.

208. *Euclidia* Walk. List. Suppl. 978, 1. (1865.)

1 ♂ von Aburi.

Trigonodes Guen.

209. *Acutata* Guen. l. c. p. 283. (1852.) Walk, List. Noct. 1449, 2. (1858.)

Ein Paar von Accra.

Claterna Walk. (*Trigonia* Guen.)

210. *Woerdenialis* Snell.

1 ♀ von Aburi.

Lycoselene n. g.

Die Stellung dieser Art im System ist mir zweifelhaft, sie war sowohl Butler, als Saalmüller und Snellen ganz unbekannt.

♀ Fühler fadenförmig, so lang als die Vorderflügel. Palpen aufsteigend, am Kopf anliegend, dicht anliegend beschuppt, den Scheitel nicht überragend, mit kurzem pfriemenförmigem Endglied. Augen kuglig, hervortretend, nackt. Kopf ziemlich grofs, dicht behaart.

Thorax mäfsig gewölbt, anliegend behaart. Hinterleib schlank, die Hinterflügel um ¹/₄ überragend, Endglied etwas schmäler, abgesetzt, mit kurzem Afterbusch; anliegend beschuppt. Beine lang und dünn, Schenkel an der Innenseite dünn behaart. Mittelschienen kaum länger als die Schenkel mit ungleich langen Endspornen. Hinterschienen doppelt so lang als die Schenkel mit Mittel- und Endspornen. Vorderflügel gestreckt, gegen den Saum breiter, Vorderrand gerade, erst kurz vor der Spitze abwärts gebogen. Flügelspitze scharf vortretend, unterhalb derselben ist der Saum eingebogen und zieht dann stark bogig gegen den stumpfen Innenwinkel. Innenrand etwas geschwungen, an der Wurzel stark eingezogen. Hinterflügel mäfsig breit, Vorderrand hinter der Mitte schwach eingezogen. Flügelspitze abgestumpft. Saum gleichmäfsig gebogen, Afterwinkel abgerundet. Vorderflügel mit schmaler Anhangszelle, aus ihrer Spitze Rippe 7 und 8 mit 9; 10 nahe hinter 9 aus ihrem Vorderrand, 11 aus dem letzten Viertel der Subcostale. Auf den Hinterflügeln 3, 4 und 5 gleich weit von einander entfernt, 6 und 7 dicht neben einander entspringend.

201. *Lunata* n. sp., fig. 19.

Fühler beingelb, Palpen weifslich gelb, das Mittelglied an den Seiten gegen den Rücken, das Endglied am Rücken braun. Kopf, Halskragen, Thorax und Hinterleib schmutzig weifs, mit braunen Schüppchen gemischt. Afterbusch gelblich, Beine weifslich, Tarsen innen bräunlich. Vorderflügel schmutzig weifs, Vorderrand bis gegen die Flügelmitte braun angelegt. Aus demselben zieht aus der Flügelwurzel ein schräger, gezackter kurzer Streif in einen grofsen graubraunen Fleck, welcher von der Subdorsale bis zum Innenrand reicht, an letzterem erscheint der schwarze Streif wieder. Der Fleck zieht sich breit, den Innenrand frei lassend, schräg gegen den Vorderrand gegen den Saum bis über die Flügelmitte. Der Saum ist breit bindenartig graubraun gefärbt, nach innen tief und spitz gezackt, und in den hellen Zacken der hellen Grundfarbe stehen auf den Rippen feine schwarze Längsstriche; gegen den Vorderrand sind Anfänge eines schwarzen Zackenstreifes sichtbar. In der Flügelspitze steht ein schmutzig gelber Schrägfleck, nach innen von einem weifsen gebogenen, fein gezackten Bogenstreif begrenzt, vor diesem steht ein schwarzer, gegen den Vorderrand verschmälerter, an seiner Basis gezackt saumwärts tretender schwarzer Längsfleck, gegen den Innenwinkel hin ist der gelbe Fleck von einem schwarzen Querfleck, welcher bis in die Flügelspitze reicht, begrenzt, unterhalb desselben steht in gelblich weifser Grundfarbe ein schwarzer Längsstrich auf Rippe 6. Saumpunkte schwarz, nach innen fein weifslich gerandet. Saumlinie schwarz, Franzen weifslich. Hinterflügel bis zur Mitte weifslich, dann dunkelbraun. Rippen bräunlich. Am Saum tritt weifsliche Färbung in die dunkle Binde. Franzen wie auf den Vorderflügeln.

Unten sind auf den Vorderflügeln die Zelle, der Innenrand, ein Fleck in der Flügelspitze, zwei übereinanderliegende Längsflecken hinter der Zelle und ein Teil des Vorderrandes hinter der Mitte weißlich, das Uebrige ist dunkelbraun. Hinterflügel wie oben, Vorderrand breit braun angelegt. 16,7 mm. 1 ♀ von Aburi.

Anabathra n. g.

Auch von der nachfolgend beschriebenen Art ist mir die systematische Stellung zweifelhaft. Nach Lederer's analytischer Tabelle müfste sie in die Nähe von *Pseudophia* zu stehen kommen, von welcher Gattung sie allerdings die schmalen Vorderflügel entfernen. Butler schrieb mir, dafs eine verwandte Art im British Museum stecke, kannte die Gattung aber auch nicht.

♂ Fühler von ²/₃ der Vorderflügellänge, borstenförmig, pinselartig bewimpert. Palpen am Kopf aufsteigend, den Scheitel nicht überragend, gebogen. Wurzelglied breit, halb so lang wie das robuste Mittelglied. Endglied kurz, vom Mittelglied deutlich abgesetzt, abgestumpft, alle Glieder anliegend beschuppt.

Zunge stark, gerollt. Augen grofs, kuglig, nackt. Nebenaugen sehr klein. Stirn vorn abgeplattet, Thorax breit, nach vorn in den Seiten gerundet, mäfsig gewölbt, anliegend behaart. Halskragen geteilt, dicht, etwas abstehend beschuppt. Hinterleib kaum ⅓ über die Hinterflügel hervorragend, nach hinten zugespitzt, anliegend beschuppt. Beine kräftig. Schenkel kurz und dicht behaart. Mittel- und Hinterschienen mit Dornborsten, erstere mit End-, letztere auch mit Mittelspornen. Vorderflügel schmal, ziemlich gleich breit. Vorderrand gerade, Flügelspitze stumpf, Vorderrand schräg gegen den abgerundeten Innenwinkel ziehend, Franzen schwach gewellt. Innenrand gerade, gegen die Flügelwurzel stark eingezogen. Vorderrand der Hinterflügel in der Mitte etwas geschweift, gegen die Flügelspitze stark abfallend, Saum gleichmäfsig schräg, in Zelle 1c kaum eingezogen, Afterwinkel gerundet, Franzen sehr schwach gewellt. Vorderflügel mit langer, schmaler Anhangzelle, aus ihrer Spitze Rippe 7 und 8 mit 9; 10 aus dem letzten Viertel der Subcostale. 3, 4 und 5 gleich weit von einander entfernt. Auf den Hinterflügeln entspringen Rippe 3 und 4 aus gleichem Punkt, ebenso 6 und 7; 5 ist gleich stark und entspringt sehr nahe an 4.

212. *Una* n. sp., fig. 22.

Fühler bräunlich. Wurzelglied der Palpen weifs, am Rücken braun. Mittelglied dunkelbraun, an der Wurzel an der Schneide weifs, am Ende weifs gerandet und über seine Fläche mit eingemengten weifsen Schüppchen. Endglied weifs, in der Mitte breit braun geringt. Kopf, Thorax und Brust weifs, letztere ockergelb gemischt. Halskragen und Schulterdecken nach hinten graulich. Leib graulich gelb. Beine gelb, graubraun beschuppt. Tarsen dunkelbraun, gelb gefleckt.

Vorderflügel weifs, doch durch graubraune Bestäubung so verdunkelt, dafs die weifsliche Färbung nur wenig hervortritt. Hinter der Wurzel aus dem weifslichen Vorderrand zwei kurze gezackte dunkelbraune Querstreifen, welche aber nicht über die Subcostale reichen, in der Zelle, die Makeln markierend, zwei unregelmässige schwarzbraune Zackenstreifen, der hintere Querstreif stark geschwungen, stumpf gezackt, nach innen durch die braunbestäubten Rippen, abgegrenzte Ovale bildend, mit einem braunen Zackenstreif, welcher von der Nierenmakel ausgeht, verbunden. Hinter dem Querstreif eine undeutlich begrenzte, gezackte, zusammenhängende Fleckenbinde, welche saumwärts von einem schmalen weifsen Streif begrenzt ist, welcher in Zelle 4 als Längsfleck, die dunkle Färbung durchschneidend, bis zum Saum reicht. Aus den braunen Mondflecken reichen die schwarz gefärbten Rippen als Striche rückwärts. Saumlinie weifs, Franzen graubraun, weifs gemischt.

Hinterflügel glänzend gelbgrau, Saumlinie fein braun, Franzen gelblich. Unten die Vorderflügel vom Vorderrand bis zur Subdorsale licht graubraun, dann ockergelb. Vorderrand schmal gelb angelegt, hinter der Mitte fleckartig braun durchbrochen. Hinterflügel graugelb, gegen den Saum bindenartig graubraun bestäubt. 19,7 mm. 1 ♂ von Accra.

Deltoidae.

Aburina n. g.

♀ Fühler dünn, borstenförmig mit kurzen stehenden Wimperhaaren dünn besetzt, ¾ so lang wie die Vorderflügel.

Palpen fast dreimal so lang wie der Kopf, horizontal vorstehend, flach seitlich zusammengedrückt. Wurzelglied sehr klein. Mittelglied sehr lang, fast noch einmal so lang als das Endglied, seitlich flach zusammengedrückt, anliegend beschuppt, auf dem Rücken lang behaart. Endglied ebenfalls seitlich zusammengedrückt, durch die Behaarung beilförmig erscheinend, die Spitze kaum aus der Behaarung hervorstehend. Augen grofs, kuglig, nackt. Ocellen klein in der Mitte des Hinterrandes der Augen, denselben nahe stehend. Die Stirnbehaarung zapfenförmig vorstehend, Scheitel anliegend behaart. Thorax mäfsig gewölbt, anliegend behaart. Hinterleib die Flügel nicht überragend, schlank, zugespitzt, anliegend beschuppt. Beine schlank, Schenkel dünn behaart, Mittelschienen mit End-, Hinterschienen auch mit Mittelspornen.

Vorderflügel breit, Vorderrand mäfsig gebogen, die Spitze scharf vorgezogen, der Saum ausgebogen, gegen den Afterwinkel abgerundet. Hinterflügel mit schwach ausgeschweiftem

Vorderrand, plötzlich vor der Spitze fast rechtwinklig abgesetztem, mäfsig gebogenem Saum und abgerundetem Afterwinkel.

Vorderflügel mit 12 Rippen und sehr kleiner Anhangzelle. Aus derselben Rippe 7 und 8 äufserst kurz gestielt, 9 aus dem letzten Dritteil von 8, 10. Rippe 11 aus der Mitte der Subcostalen. Auf den Hinterflügeln entspringen Rippe 3 und 4, 6 und 7 aus gleichem Punkt, Rippe 5 aller Flügel dicht bei 4 entspringend.

213. *Sobrina* u. sp., fig. 13.

Fühler braun, innen bis zur Mitte mit weifsen Punkten besetzt. Palpen braun, das Mittelglied an der Schneide und innen rostgelb, in der braunen Färbung stehen zerstreute weifse Pünktchen. Kopf und Thorax veilgraubraun mit dichteingemengten weifsen Schüppchen. Hinterleib oben etwas lichter graubraun, unten wie die Brust und Beine schmutzig ockergelb. Flügel veilgraubraun mit stellenweis dicht eingestreuten weifsblauen Pünktchen. Die Zeichnung der Vorderflügel besteht aus einem gebogenen vorderen Querstreif, einem spitzwinklig gebrochenen Mittelschatten, hinter demselben steht ein unregelmäfsig stark gebogener gezähnter Querstreif, welcher in Zelle 6 am weitesten saumwärts tritt und sich von da bis zum Vorderrand weit wurzelwärts zieht, in Zelle 1 b und c berührt er fast den Mittelschatten. Hinter ihm zieht ein breiter Schattenstreif, welcher in einem grofsen Fleck am Vorderrand endigt, in und an seinem äufsern Rande stehen weifsliche Punkte. Saumfleckchen weifs, Saumlinie schwarz, innen auf den Rippen unterbrochen, aufsen gelb. Nierenmakel grofs, die Ränder dicht weifsblau bestäubt, die Mitte dunkel ausgefüllt. Franzen dunkler veilbraun.

Hinterflügel mit ziemlich gerade verlaufendem, doppelten Querstreif hinter der Wurzel, und undeutlichem, saumwärts durch weifsliche Punkte begrenztem Schattenstreif im Saumfeld. Saumlinie und Franzen wie auf den Vorderflügeln, die weifsen Saumfleckchen bilden eine auf den Rippen unterbrochene weifse Linie.

Unterseite graugelb, das Saumfeld der Vorderflügel bräunlich. Alle Flügel mit 2 schmalen dunkelbraunen, einander genäherten Querstreifen durch die Mitte und mit einem graugelben Querstreif im Saumfeld. Saumlinie innen rost-, aussen weifsgelb. Franzen braun. 24,13 mm. 4 ♀ von Aburi.

Dichromia Guen.

214. *? Banaka* Plötz Stett. Ent. Ztg. 1880 p. 301.

1 ♂ von Aburi.

Plötz ist zweifelhaft, ob diese Art zu *Dichromia* zu stellen ist. Da ich nur einen ♂ besitze, von *Orosia* Cr. aber nur ein nicht ganz gutes ♀ habe, so kann ich diese Frage nicht entscheiden; das Geäder scheint bei beiden Arten übereinzustimmen.

Geometrae.

Traina Wlk.

215. *Stramineata* Wlk. Proc. Nat. Hist. S. Glasgow. vol. I. 1869. p. 372. pl. 7. f. 12. *Cabera Vulgaria* Plötz. l. c. p. 302.

2 ♀ von Aburi.

Narthecusa Wlk.

216. *Tenuiorata* Wlk. Hist. XXIV. p. 1140.

2 ♂, 1 ♀ von Aburi haben ebenfalls nur die Randzeichnung wie die Stücke von derselben Lokalität, welche Plötz vorlagen. Unter sich weichen meine Exemplare nicht ab.

Boarmia Tr.

217. *Selenaria* Schiff. (S. V.) var.: *Acaciaria* Bdv. Faun. Madag. pag. 116. Pl. 16 f. 4. (1833.) (Schlecht.) Guen. Phal. I. 255 no. 391 (1857). Walk. List. Geom. 365, 67 (1860).

1 ♀ von Aburi, bedeutend kleiner wie manche deutsche Stücke und wie ein ♀ vom Kap der guten Hoffnung. Merkwürdigerweise vergleicht Boisduval seine *Acaciaria* nicht mit *Selenaria*, sondern mit *Rhomboidaria* und der nordamerikanischen *Umbrosaria*.

218. *Separaria* n. sp.

Eine der grofsen Arten, welche ich mit keiner der europäischen und mir bekannten nordamerikanischen Arten zu vergleichen weifs.

Fühler rostgelb, bräunlich geringelt. Palpen rostgelb. Stirn unten rostbraun, oben wie der Scheitel weifs, ockergelb gemischt. Thorax ebenso gefärbt, quer über die Schulterdecken zieht ein dunkelbrauner, aus mehr oder weniger dicht zusammenstehenden Schuppen gebildeter Querstreif. Hinterleib weifs, gelblich gemischt. Beine ockergelblich. Tarsen bräunlich, gelb geringt.

Vorderflügel von zwei geschwungenen, gezackten schwarzen Querstreifen durchschnitten. Wurzelfeld hell rostgelb, mit eingemengten rostbraunen Schuppen. Mittelfeld weifs mit spärlicher rostgelber und brauner Einmischung, welche in der Mitte einen undeutlichen breiten Streif bildet. Saumfeld rostgelb, ein Vorderrand rostbraun vor der Spitze, sowie 1 b, 2 und 3 fleckartig weifs gemischt, rostbraun und dunkelbraun quergestrichelt, in Zelle 4 und 5 bildet die dunkelbraune Bestäubung einen zusammenhängenden gröfseren Fleck.

Hinterflügel rostgelb, mit rostbraunen und dunkelbraunen Querstrichelchen bedeckt. Der hintere Querstreif mäfsig geschwungen, gezackt, schwarz. An der Wurzel, innerhalb des Querstreifes von der Mitte des Flügels bis zum Innenrand und längs des Saumes weifse Färbung.

Saummonde aller Flügel schwarz. Franzen rostgelb.

Unterseite der Vorderflügel lichter rostgelb und braun gemischt, die braune Färbung tritt besonders in einem grofsen, vom Vorderrand bis auf Rippe 4 ziehenden Fleck und in einer den Flügel durchschneidenden, undeutlichen Fleckenbinde vor demselben auf. In der Flügelspitze ein viereckiger, weifslicher, fein braun gesprenkelter, scharf begrenzter Fleck. Mittelmond undeutlich. Hinterflügel ohne braune Flecken, nur braun quergestrichelt. Mittelmond grofs, scharf, dunkelbraun, Saummonde braun, den Hinterflügeln fehlend, Saumlinie gelb, auf den Hinterflügeln innen fein braun angelegt. Franzen rostgelb. 27,15 mm. 1 ♀ von Accra.

Hypopalpis Guen.

219. *Terebraria Guen. Maill. Réun. p. 20. pl. 23 f. 3.

1 ♀ von Accra bestimmte mir Saalmüller als mutmafslich zu dieser Art gehörend.

Hypochroma Guen.

220. *Rhadamaria Guen. Trau. u. Phal. IX. p. 277 (1877). Walk. List. Geom. 431,7 (1860).

2 ♀ von Aburi.

Thalassodes Guen.

221. *Delicataria* n. sp.

Fühlerschaft weifs. Kammzähne rostgelb. Palpen beingelb, Stirn lauchgrün, Scheitel weifs. Beine beingelb, die Hinterschienen in ihrer ganzen Länge durch einen anliegenden schneeweifsen Haarbusch bedeckt. Thorax und Oberseite des Hinterleibes meergrün. Unterseite weifs. Grundfarbe der Flügel meergrün, einzelne weifse Querfleckchen über die Flügel verstreut, auf der Mitte des Innenrandes der Vorderflügel steht ein gröfseres gerundetes weifses Fleckchen. Vorderrand der Vorderflügel ganz fein gelblich angelegt. Franzen grün. Mittelpunkt aller Flügel sehr fein, schwarz. Unterseite weifsgrün ohne alle Zeichnung. 16,10 mm. 1 ♂ von Aburi.

Micronia Guen.

222. *Astheniata Guen. l. c. X. p. 24 (1857). Walk. List. Geom. 821, 13 (1861).

2 ♀ von Aburi.

223. *Erycinaria* Guen. l. c. p. 30 (1857). Walk. List. Geom. 815, 2 (1861).

1 ♀ von Aburi.

Semiothisa Hb. (*Macaria* Curtis.)

224. *Angolaria* Snell.

1 ♀ von Accra zeichnet sich von meinem ♀ aus dem Kaffernlande durch viel geringere Gröfse und dunklere Färbung aus.

225. *Ostentosaria* n. sp.

Fühler braun, Palpen, Kopf und Thorax rostgelb, braun gemischt. Thorax und Oberseite des Hinterleibes veilgrau. Unterseite und Brust, sowie die Beine hell ockergelb. Vorderflügel mit schwach gewelltem Saum, Hinterflügel stumpf gezähnt. Saum auf Rippe 4 etwas vorgezogen.

Grundfarbe der Flügel veilgrau, im Mittelfeld der Vorder- und am Saum der Hinterflügel gegen den Afterwinkel irisierend weifslich gemischt, so dafs die Grundfarbe als Querstriche erscheint. Hinter der Mitte aller Flügel zieht ein breites dunkelbraunes Band, in dessen äufserer Hälfte gelbe Querstriche stehen, welche sich, besonders auf den Hinterflügeln, fast zu einer Binde verdichten. Vorderflügel mit ockergelbem, braun quergestricheltem und gefleckten Vorderrand. Mittelfleck dunkelbraun, Hinterflügel mit schwarzem Mittelpunkt. Saumlinie braun. Franzen weifslich veilgrau.

Unten sind alle Flügel bis zur Mitte irisierend weifs, dicht braun quergestrichelt, dann folgt auf den Vorderflügeln ein breites dunkelbraunes Band, und hinter diesem färbt sich das Saumfeld veilbraun. Die äufsere Hälfte der Hinterflügel ist bräunlich veilgrau, von Rippe 5 zieht ein weifser unregelmäfsig breiter Querstreif hinter dem Afterwinkel in den Innenrand. Am Saum steht von Rippe 4 bis zu Rippe 2 ein breiter weifser Fleck, welcher an seinem Anfang mit dem Streif schmal querverbunden ist. In dem Fleck und Streif stehen bräunliche Querfleckchen. Mittelfleck und Punkt, Saumlinie und Franzen wie oben. 17,10 mm. 1 ♂ von Aburi.

In der Gröfse kommt diese Art grofsen Stücken der vorigen Art gleich.

226. *Fuscataria* n. sp.

Fühler braun, gelb gemischt. Palpen ockergelb und braun gemischt. Kopf, Thorax und Oberseite des Hinterleibes dunkelbraun, Unterseite, Brust und Beine ockergelb. Saum aller Flügel stumpf gezähnt, auf Rippe 4 der vorderen schwach, der hinteren stärker eckig vortretend. Grundfarbe der Flügel dunkelgraubraun. Vorderrand der Vorderflügel fein ockergelb, dunkelbraun gestrichelt und gefleckt. Hinter der Wurzel ein kurzer, abgebrochener, die Flügelränder nicht erreichender brauner Querstreif. Die beiden Querstreifen, der Mittelschatten und der Mittelfleck dunkelbraun. Der vordere Querstreif vom Vorderrand schräg saumwärts bis in die Mittelzelle ziehend, in derselben unterbrochen und dann, etwas zurückgestellt, in einem gleichmäfsigen Bogen zum Innenrand ziehend. Der hintere Querstreif in Zelle 6 winklig gebrochen, dann etwas schräg nach innen zum Innenrand ziehend, vor demselben in Zelle 1b einen kaum merklichen Bogen bildend. Der schmale

Mittelschatten ziemlich gerade ziehend, in Zelle 1b wurzelwärts schwach gebogen. Im Saumfeld ein noch mehr als die Querstreifen und der Mittelschatten verloschener brauner Wellenstreif. Hinterflügel mit ganz verloschenem braunem Mittelschatten und deutlicherem hinterem Querstreif, welcher mäfsig geschwungen durch den Flügel zieht. Wellenstreif ganz verloschen. Saumlinie aller Flügel dunkelbraun. Franzen weifslich, mit grauen Spitzen.

Unterseite heller veilbraun. Bis zur Mitte sind alle Flügel weifs quergestrichelt, welche Färbung sich in der Mitte zu einem braungemischten, auf den Vorderflügeln schmäleren Querband verdichtet. In der Spitze der Vorderflügel weifse Querstrichelchen. Vorderrand ockergelb, braun gestrichelt und gefleckt.

Hinterflügel an der Wurzel des Vorderrandes ockergelb, braun gestrichelt. Die lichte Mittelbinde saumwärts nicht scharf begrenzt, von ihr zieht zwischen Rippe 4 und dem Afterwinkel weifse fleckartige Färbung bis zum Saum. Mittelpunkte der Flügel verloschener als oben. Saumlinie und Franzen wie dort. 15,8 mm. 1 ♂ von Aburi.

227. *Largificaria* n. sp., fig. 20.

Diese Art unterscheidet sich von den vorigen durch auf Rippe 4 nicht vortretenden, auf den Vorderflügeln glatten, auf den Hinterflügeln kaum gewellten Saum. von Gumppenberg sagt, dafs er *Macaria* in zwei Gattungen, *Macaria* und *Godonela*, trenne, von welchen letztere keinen Ausschnitt der Vorderflügel, weniger geschwänzte Hinterflügel und andere Winkel besitzn. Da der erste Teil seines Systema Geometr. diese Gattungen nicht mit umfafst, so weifs ich nicht, ob diese Art zu *Godonela* zu stellen sein wird.

Fühler gelblich weifs, dicht braun gefleckt. Palpen am Rücken rostgelblich, an der Schneide gelblichweifs. Kopf rostgelb. Thorax und Hinterleib gelb, Beine gelb. Flügel gelblichweifs, dicht braun quergestrichelt. Vorderflügel mit einem verloschenen, schwach geschwungenen, ziemlich breiten bräunlichen hinteren Querstreif, einem solchen schmalen, geraden Mittelschatten und einem dunkler braunen geraden hinteren Querstreif, welcher auf den Vorderflügeln doppelt ist und hinter welchem auf allen Flügeln noch undeutlicher, nicht scharf begrenzter, teilweis fleckartiger brauner Streif zieht. Der vordere Querstreif fehlt den Hinterflügeln, der Mittelschatten ist deutlicher wie auf den Vorderflügeln. Mittelpunkt aller Flügel fein schwarz. Saumflecken undeutlich, braun. Saumlinie fein braun, Franzen gelblich weifs. Unterseite gelblich weifs, dicht graubraun und rostgelb quergestrichelt. Der hintere Querstreif auf den Vorderflügeln eine breite dunkle Binde bildend, auf den Hinterflügeln nicht breiter wie oben und weniger scharf. Ein ganz verloschener bräunlicher Bogenstreif steht auf den Hinterflügeln im Saumfeld. von dem Mittelschatten, sowie von dem vordern Querstreif der Vorderflügel ist nichts zu sehen, ebenso fehlen die Saumflecken. Mittelpunkt, Saumlinie und Franzen wie oben. 13,8 mm. 1 ♀ von Accra.

Hyposidra Guen.

228. *Gumppenbergi* n. sp., fig. 5.

Fühlerschaft gelb, Kammzähne braun. Palpen. Kopf, Thorax, Brust und Hinterleib rostbraun. Halskragen weifsgelb mit sparsam eingestreuten braunen Schüppchen. Beine rostgelb, Tarsen bräunlich gefleckt. Wurzel- und Mittelfeld der Vorderflügel rostbraun, Saumfeld veilgrau, gegen die Flügelspitze fleckartig rostbraun gefärbt. Nach innen wird das Mittelfeld durch einen nach aufsen gestellten geraden, starken schwarzen Querstreif, nach aufsen durch einen in Zelle 5 stumpfwinklig saumwärts tretenden, dann nach innen gebogenen und ziemlich gerade in den Innenrand verlaufenden weifslichen, innen fein und verloschen angelegten Querstreif begrenzt. Ein schwarzer Fleck steht saumwärts in Zelle 4 und 5 an ihm, vor ihm zieht ein geschwungener, aus auf den Rippen stehenden schwarzen Flecken gebildeter Querstreif. Mittelfleck mondförmig, schwarz.

Hinterflügel rostbraun, das Saumfeld veilgrau angeflogen. Vorderrand gelblich. Hinter der Wurzel ein breiter, gerader schwärzlicher Streif. Mittelfleck schwarz. Der hintere Querstreif gerade, dunkelbraun, nach innen dunkler rostbraun, nach aufsen schmal weifslich angelegt. Saumlinie rostbraun. Franzen rostgelb. Einzelne schwarze Schüppchen sind über die Flügel zerstreut. Unterseite rostgelblich, veilgrau gemischt, mit eingestreuten braunen und grauen Punkten. Der vordere Querstreif auf allen Flügeln, unregelmäfsig breit, dunkelbraun, der hintere, auf den Hinterflügeln schwach geschwungen, nur durch braune Fleckchen angedeutet. Hinter ihm ein ganz verloschener gerader grauer Streif. Mittelflecken dunkelbraun. Innenrand, Flügelspitze und der gröfste Teil des Saumes der Vorderflügel veilgrau, der rostbraune Fleck der Oberseite rostgelb. Franzen rostgelb. 20,13 mm. 1 ♂ von Aburi.

Ich benenne diese Art zu Ehren meines geschätzten Freundes Freiherrn von Gumppenberg in München, dem verdienstvollen Verfasser des Systema Geometrarum.

Pitthea Walk.

229. *Continua* Walk. List. Het. II. p. 463.

1 ♂ von Aburi.

230. *Mongi* Plötz. Stett. Ent. Ztg. 1880. p. 82.

1 ♂ von Aburi.

Dewitz hat entschieden Recht, wenn er diese, sowie die verwandte, von ihm errichtete Gattung *Tärckheimia* zu den Spannern stellt; trotz ihrem abweichenden Habitus weist das Geäder diesen Gattungen ihren Platz in dieser Familie an.

Zwei Spannerarten, von denen die eine nahe *Oxydia* Guen. stehen mufs, unterlasse ich zu beschreiben, da ich von beiden nur ein Weib besitze, deren Beine leider teilweis fehlen und so eine Bestimmung in Bezug auf die Gattung unmöglich machen.

Microlepidoptera.
Pyralidina.
Godara Walk.

231. **Comalis* Guen. Deltoid. p. 369 (Pionea). Led. Wien. Ent. Monatschr. VII (1863), p. 383.

1 ♀ von Accra. Guenée und Lederer nennen Ostindien und Ceylon als Vaterland.

Stemmorhages Led.

232. *Sericea* Dr. I. t. 6. f. 1. Led. l. c. p. 397. *Geom. Laterata* Fb. *Botys Thalassinalis* Bdv. Faun. Madag. pl. 16. f. 6. p. 117 (1833). *Margarodes Sericeolalis* Guen. Delt. p. 307.

Mehrere Exemplare von Aburi. Das ♀ führt kurze gelbe Haare an der Spitze des Hinterleibes, der ♂ einen dunkelbraunen Afterbusch. Die Fühler bilden ¼ ihrer Länge eine Krümmung, ähnlich wie bei ♂ vieler Phycideenarten.

Lederer kannte diese Art nicht in Natur, und da Guenée sie auch nur nach einem ♂ beschreibt, Boisduval, welcher ein ♀ abbildet, dieser eigentümlichen Fühlerbildung weder im Bild, noch in der Beschreibung Erwähnung thut, so glaubte Lederer, dafs diese Auszeichnung nur dem ♂ zukäme.

Cryptographia Led.

233. **Rogenhoferi* Led. l. c. p. 400. t. 137. 14.

Lederer beschreibt diese Art und bildet sie ab, giebt aber als Vaterland des im Wiener Zool. Hofkabinet befindlichen Exemplares fälschlich „Amerika" an.

Mein einzelnes ♀ von Aburi stimmt genau mit Lederer's Abbildung, nur sind die Franzen nicht so hell wie in dieser.

Spilomela Guen.

234. *Podalirialis* Guen. l. c. p. 281.

1 ♀ von Aburi.

In Lederer's Zünslerarbeit ist diese Art vergessen aufzuführen.

Druckfehler.

Seite 54, Zeile 4 von unten, lies *Callosune* statt *Callusone*.
- „ 59, „ 5 „ „ lies *Vespasia* statt *Vesparia*.
- „ 64, „ 8 „ „ hinter *von* fehlt *Pulvina* Plötz.
- „ 69, „ 8 „ oben lies, *gerader* statt *geraden*.

Register der Gattungen.

	Seite		Seite		Seite
Aburina m.	90	Eudasychira m.	75	*Narcethusa* Wlk.	92
Achaea Hb.	87	*Euphaedra* Hb.	59	*Nephele* Hb.	71
Acraea Fb.	55	*Euproctis* Hb.	75	*Neptis* Fb.	58
Aegocera Ltr.	71	*Eurema* Hb	52	*Nyctemera* Hb.	73
Aletis Hb.	73	*Euryphene* Bdv.	58	*Ophideres* Bdv.	83
Alpenus Wlk.	73	*Eurytela* Bdv.	57	*Ophisma* Guen.	85
Amauris Hb.	55	*Eusemia* Dalm.	71	*Ophiusa* Tr.	87
Amerila Wlk.	72	*Euxanthe* Hb.	57	*Opsirhina* Wlk.	80
Ammenopsyche Butl.	73	Gastroplakaeis m.	78	*Otroeda* Hb.	73
Amphonyx Poey.	70	*Gnophodes* Westw.	61	*Panacra* Wlk.	68
Anabathra m.	89	*Godara* Wlk.	97	*Panopea* Hb.	57
Antigonus Hb.	66	*Hamanumida* Hb.	60	*Papilio* L.	51
Apaustus Hb.	66	*Harma* Westw.	61	*Parasa* Moore.	78
Aroa Wlk.	75	*Hemaris* Dalm.	67	*Patula* Guen.	85
Atella Dbl.	56	*Hesperia* Fb.	64	*Phaegorista* Bdv.	71
Aterica Bdv.	60	*Hypochroma* Guen.	93	Phlotherma m.	80
Automolis Hb.	72	*Hypolimnas* Hb.	57	*Pieris* Schk.	53
Basiothea Wlk.	67	*Hypolycaena* Fehl.	64	*Pitthea* Wlk.	96
Boarmia Tr.	92	*Hypopalpis* Guen.	93	*Plastingia* Butl.	66
Bunaea Hb.	78	*Hypopyra* Guen.	85	*Pontia* Fb.	52
Callosune Dbl.	54	*Hyposidra* Guen.	96	*Precis* Hb.	56
Caryatis Hb.	72	*Ipthima* Hb.	63	*Proserpinus* Hb.	67
Catopsilia Hb.	54	*Ismene* Swains.	66	*Protoparce* Burm.	70
Catuna Kirby.	58	*Junonia* Hb.	56	Pseudonotodonta m.	76
Chaerocampa Dup.	68	*Kallima* Westw.	57	*Salamis* Bdv.	57
Charaxes O.	61	*Laelia* H. Sch.	74	*Samia* Hb.	78
Claterna Wlk.	87	*Leucanitis* Guen.	86	*Semiothisa* Hb.	93
Colbusa Wlk.	87	*Liptena* Dbld. Hew.	63	*Spilomela* Guen.	97
Cryptographia Led.	97	*Lycaena* Fb.	63	*Stenmorhages* Led.	97
Danaus Ltr.	55	Lycoselene m.	87	*Syntomis* O.	72
Deudorix Hew.	64	*Macroglossa* O.	67	*Tachyris* Wall.	53
Dichromia Guen.	91	Macronadata m.	82	*Tagiades* Hb.	66
Diodosida Wlk.	68	*Megacephalon* Saalm.	84	*Thalassodes* Guen.	93
Elymnias Hb.	61	*Melanitis* Fb.	62	*Traina* Wlk.	92
Entomogramma Guen.	85	*Melipotis* Hb.	83	*Trigonodes* Guen.	87
Ergolis Bdv.	57	*Micronia* Guen.	93	*Utetheisa* Hb.	73
Eronia Hb.	54	*Miniodes* Guen.	84	*Xanthodes* Guen.	83
Euchromia Hb.	72	*Mycalesis* Hb.	62		

Register der Arten.

	Seite		Seite		Seite
Abesa Hew.	60	Chorimene Guér.	56	Eurytis Dbl. Hew.	56
Absalon Fb.	58	Circeis Dr.	55	Erippe L.	54
Acaciaria Bdv.	92	Cletia Cr.	56	Faunus Dr.	64
Accentifera Palisot.	71	Cocalia Cr.	58	Fenestratum m.	84
Acutata Guen.	87	Cocnobita Fb.	58	Flesus Fb.	66
Adnatha Hew.	55	Collaris m.	83	Floricola Bdv.	53
Aequivalens Wlk.	71	Comalis Guen.	97	Forestan Cr.	67
Aleippus Cr.	55	Commasiac Wlk.	67	Forficulatus m.	79
Allardi Oberth.	87	Constantinus Ward.	51	Fullonica L.	83
Alcesta Cr.	52	Crithea Dr.	58	Fuscataria m.	94
Angolanus Geeze.	51	Cuparia Cr.	60	Gaika Trim.	64
Angolaria Snel.	93	Cynorta Fb.	52	Galenus Fb.	66
Angularis Bdv.	87	Cytora Dbl. Hew.	57	Gea Fb.	55
Anomoeus Plötz.	66	Daedalus Fb.	60	Gracilis m.	73
Anta Trim.	64	Dejeanii Bdv.	87	Gumppenbergi m.	96
Anthedon Dbl.	57	Delicataria m.	93	Harpalyce Cr.	59
Antheus Cr.	51	Demoleus L.	51	Hedyle Cr.	53
Argia Fb.	54	Denuba Plötz.	66	Helcita L.	73
Artaynta m.	60	Desjardinsii Bdv.	52	Helcitoides Dew.	71
Asterope Klug.	63	Discolor Guen.	84	Hesperia Cr.	73
Asthenata Guen.	93	Dorothea Fb. Pontia.	52	Hilaris Plötz.	87
Astraea Dr.	72	Dorothea Cr. Mycalesis.	62	Hoffmannseggii Zell.	64
Aurifrons m.	75	Edipus Cr.	66	Hylas L.	67
Banaka Plötz.	91	Egesta Cr.	61	Hypatha Hew.	61
Bauri Plötz.	66	Egialea Cr.	55	Idotea Bdv.	54
Bixae L.	67	Egina Cr.	55	Idricus Dr.	67
Blanda Bdv.	53	Egista Cr.	56	Ignobilis Butl.	62
Boisduvalii Dbl.	57	Eione Bdv.	54	Ilerda m.	65
Brigida Plötz.	66	Elabontas Hew.	59	Inferna Butl.	55
Caeta Fb.	57	Enotrea Cr.	57	Iphis Dr.	66
Caenis Dr.	61	Epaea Cr.	55	Isis Dr.	63
Calpis Plötz.	65	Eponina Cr.	55	Iacchus m.	81
Calypso Dr.	53	Eryeinaria Guen.	93	Juno Plötz.	67
Capensis H. Sch.	85	Euclidia Wlk.	87	Largificaria m.	95
Castor Cr.	61	Eudoxus Dr.	61	Laronia Hew.	66
Ceres Fb.	59	Eupalus Fb.	59	Lanfella Hew.	64
Cerymica Hew.	66	Euphemia Cr.	71	Lebena Hew.	64
Charota Kirby.	71	Eurema Plötz.	63	Ledia L.	62
Chelys Fb.	62	Eurinome Cr.	57	Leonidas Fb.	51
Chloris Fb.	53	Euryta L.	56	Libentina Hew.	63

— 100 —

	Seite		Seite		Seite
Lucretia Cr.	57	*Pelarga* Fb.	56	**Sobrina** m.	91
Lucretius Cr.	61	*Penaeus* Cr.	71	*Solani* Bdv.	70
Lunata m.	88	*Perparva* Saalm.	64	*Sophus* Fb.	59
Lycoa God.	65	*Perspicua* Wlk.	73	**Sordida** m.	74
Lysimon Hb.	64	*Phantasia* Hew.	59	*Sperchius* Cr.	72
Macrospila Wlk.	72	*Phegea* Fb.	61	*Spica* Möschl.	54
Maculosus Cr.	73	*Philetha* Dr.	72	*Stolida* Fb.	83
Mahagonica Saalm.	83	*Philippus* Fb.	64	*Stramineata* Wlk.	87
Malvae Esp.	83	*Phorcas* Cr.	51	*Sulphurea* Plötz.	75
Mandanes Hew.	62	*Plautilla* Hew.	58	*Syntomia* Plötz.	72
Mandinga Feld.	58	*Podalirialis* Guen.	97	*Tadema* Hew.	60
Marina Butl.	72	*Policenes* Cr.	51	*Tentyris* Hew.	58
Martius Fb.	62	*Poppea* Cr.	53	*Tenuiorata* Wlk.	92
Medon L.	60	*Porphyrion* Ward.	58	*Terea* Dr.	57
Melicerta Dr.	58	*Pratinas* Dbl. Hew.	59	*Terebraria* Guen.	93
Menestheus Dr.	51	*Princeps* Guen.	83	*Thalassina* Bdv.	54
Merope Cr.	52	**Pudica** m.	85	*Thecla* Plötz.	66
Metallescens m.	80	*Pulchella* L.	73	*Themis* Hb.	59
Metella Dbl. Hew.	58	*Pulvina* Plötz.	64	*Theobene* Dbl. Westw.	61
Maestra m.	63	**Quinquepunctata** m.	75	*Thora* Plötz.	66
Morgani Bdv.	70	*Ravola* Hew.	59	*Tolosa* Plötz.	62
Mungi Plötz.	96	*Rectilinea* Bdv.	72	*Triphacnoides* Wall.	71
Nana Bdv.	67	*Rhadamaria* Guen.	93	*Tyrrhena* Westw.	78
Natalica Feld.	56	*Rhadia* Bdv.	54	**Una** m.	89
Nemetes Hew.	58	*Rhodope* Fb.	54	**Unipunctata** m.	74
Neobule Dbl.	55	*Rogenhoferi* Led.	97	*Vacuna* Westw.	78
Nivcius L.	55	*Rumia* Westw.	57	*Vau* Walk.	71
Nireus L.	55	**Saalmülleri** m.	68	*Veronica* Cr.	60
Numenes Hew.	61	*Saba* Fb.	54	**Vespasia** m.	59
Nusca Plötz.	62	*Sabina* Feld.	54	**Virescens** m.	77
Opulenta m.	86	*Salmacis* Dr.	57	*Walkeri* Butl.	85
Orpheus H. Sch.	68	*Sangaris* Godt.	61	*Weiglei* Plötz. Hesperia.	65
Ostenlosaria m.	94	**Separaria** m.	92	*Weiglei* m. Protoparce.	70
Oxione Hew.	58	*Serena* Fb.	55	*Woerdenialis* Snell.	87
Pallida m.	78	*Sericea* Dr.	97	*Zenobia* Fb.	52
Pardalis Saalm.	85	*Severina* Cr.	53	*Zetes* L.	55
Parmeno Dbl. Hew.	61	*Sextilis* Plötz.	64	*Zingha* Cr.	101
Peekoveri Butl.	68	**Simplicia** m.	63		

Erklärung der Tafel.

1. *Amnemopsyche Gracilis* m.
2. *Parasa Pallida* m.
3. *Euproctis Aurifrons* m.
4. *Philotherma Jacelus* m.
5. *Hyposidra Gumppenbergi* m.
6. *Pseudomotodonta Virescens* m.
7. *Macronadata Collaris* m.
8. *Automolis Syntomia* Plötz.
9. *Opsirhina Metallescens* m.
10. *Aroa Sulphurea* Plötz.
11. *Eudasychira Quinquepunctata* m.
12. *Ophisma Pudica* m.
13. *Aburina Sobrina* m.
14. *Leptena Simplicia* m.
15. *Ophisma Opulenta* m.
16. *Hesperia Ilerda* m.
17. *Gastroplakaeis Forficulatus* m.
18. *Hesperia Weiglei* Plötz.
19. *Lycoselene Lunata* m.
20. *Semiothisa Largificaria* m.
21. *Leptena Muestra* m.
22. *Anabathra Una* m.
23. *Pamera Saalmülleri* m.
24. *Protoparce Weiglei* m.